国家社会科学基金重大项目"'一带一路'战略下法律供给机制研究"（16ZDA064）成果

中国海外投资法律保障机制研究

李曦光 著

中国社会科学出版社

图书在版编目（CIP）数据

中国海外投资法律保障机制研究／李曦光著. —北京：中国社会科学出版社，2021.10
ISBN 978-7-5203-9121-4

Ⅰ.①中⋯ Ⅱ.①李⋯ Ⅲ.①海外投资—涉外经济法—研究—中国 Ⅳ.①D922.295.4

中国版本图书馆 CIP 数据核字（2021）第 186452 号

出 版 人	赵剑英
责任编辑	孔继萍
责任校对	夏慧萍
责任印制	郝美娜

出　　版	中国社会种学出版社
社　　址	北京鼓楼西大街甲 158 号
邮　　编	100720
网　　址	http://www.csspw.cn
发 行 部	010-84083685
门 市 部	010-84029450
经　　销	新华书店及其他书店
印　　刷	北京君升印刷有限公司
装　　订	廊坊市广阳区广增装订厂
版　　次	2021 年 10 月第 1 版
印　　次	2021 年 10 月第 1 次印刷
开　　本	710×1000　1/16
印　　张	10.5
字　　数	152 千字
定　　价	68.00 元

凡购买中国社会科学出版社图书，如有质量问题请与本社营销中心联系调换
电话：010-84083683
版权所有　侵权必究

目 录

第一章 引言 …………………………………… (1)
  第一节 中国海外投资的历史演进 ……………… (1)
    一 中国海外投资的萌芽阶段（1979—1986 年）……………………………………… (1)
    二 中国海外投资的成长阶段（1987—1990 年）……………………………………… (1)
    三 中国海外投资的起飞阶段（1991—2001 年）……………………………………… (2)
    四 中国海外投资的发展阶段（2002—2012 年）……………………………………… (2)
    五 中国海外投资的升级阶段（2013 年至今）…… (3)
  第二节 中国海外投资的特点 …………………… (3)
    一 投资区域主要分布于东南亚国家 …………… (3)
    二 行业结构集中于基础设施及能源等领域 …… (4)
    三 国有企业为对外投资风险承受的主体 ……… (5)
  第三节 中国海外投资法律保障的意义 ………… (5)

第二章 中国海外投资的法律风险 ………………… (7)
  第一节 政治风险 ………………………………… (7)
    一 概念 …………………………………………… (7)
    二 表现形式 ……………………………………… (7)
    三 典型案例 ……………………………………… (9)

         四　相关措施 …………………………………………… (10)
　第二节　税收风险 ……………………………………………… (11)
         一　概念 ………………………………………………… (11)
         二　表现形式 …………………………………………… (11)
         三　典型案例 …………………………………………… (12)
         四　相关措施 …………………………………………… (13)
　第三节　环境风险 ……………………………………………… (13)
         一　概念 ………………………………………………… (13)
         二　表现形式 …………………………………………… (14)
         三　典型案例 …………………………………………… (16)
         四　相关措施 …………………………………………… (16)
　第四节　劳工风险 ……………………………………………… (17)
         一　概念 ………………………………………………… (17)
         二　表现形式 …………………………………………… (18)
         三　典型案例 …………………………………………… (20)
         四　相关措施 …………………………………………… (20)
　第五节　知识产权风险 ………………………………………… (21)
         一　概念 ………………………………………………… (21)
         二　表现形式 …………………………………………… (21)
         三　典型案例 …………………………………………… (24)
         四　相关措施 …………………………………………… (25)
　第六节　腐败风险 ……………………………………………… (25)
         一　概念 ………………………………………………… (25)
         二　表现形式 …………………………………………… (25)
         三　典型案例 …………………………………………… (26)
         四　相关措施 …………………………………………… (26)
　第七节　国家安全审查风险 …………………………………… (29)
         一　概念 ………………………………………………… (29)
         二　表现形式 …………………………………………… (29)
         三　典型案例 …………………………………………… (31)

四　相关措施 …………………………………………… (32)

第三章　中国海外投资法律保障之双边投资协定 ……… (34)

第一节　概论 ………………………………………………… (35)
　　一　BIT 的概念及其作用 ……………………………… (35)
　　二　BIT 的发展及面临的挑战 ………………………… (36)
　　三　中国与双边投资条约 ……………………………… (41)
　　四　中国 BIT 面临的挑战 ……………………………… (47)

第二节　定义 ………………………………………………… (48)
　　一　国际投资条约中对"投资"的定义 ………………… (48)
　　二　国际投资条约中对"投资者"的定义 ……………… (53)

第三节　公平与公正待遇 …………………………………… (53)
　　一　公平与公正待遇的概念 …………………………… (53)
　　二　公平与公正待遇的内涵 …………………………… (55)

第四节　征收与补偿 ………………………………………… (57)
　　一　征收或国有化的概念 ……………………………… (57)
　　二　征收的要素 ………………………………………… (57)
　　三　征收的新发展 ……………………………………… (58)
　　四　征收的补偿标准 …………………………………… (59)

第四章　中国海外投资法律保障之担保制度 ……………… (61)

第一节　多边投资担保机构——MIGA ……………………… (63)
　　一　MIGA 的基本概况 ………………………………… (63)
　　二　MIGA 的组织机构 ………………………………… (64)
　　三　MIGA 的承保条件 ………………………………… (65)
　　四　MIGA 的承保范围 ………………………………… (68)
　　五　MIGA 的作用 ……………………………………… (71)
　　六　MIGA 的局限性 …………………………………… (72)
　　七　MIGA 与中国 ……………………………………… (74)

第二节　中国信保 …………………………………………… (74)

一　中国信保的产生与发展 ………………………………（75）
　　二　中国信保的承保条件 ………………………………（75）
　　三　中国信保的承保类别 ………………………………（76）
　　四　中国信保存在的问题 ………………………………（77）

第五章　中国海外投资法律保障之争端解决机制 ………（79）
第一节　国际投资争端解决方式 ………………………………（79）
　　一　政治解决 …………………………………………（79）
　　二　司法解决 …………………………………………（81）
　　三　仲裁解决 …………………………………………（83）
第二节　国际投资争端解决中心——ICSID ………（85）
　　一　ICSID 的基本概况 ………………………………（85）
　　二　ICSID 的管辖权 …………………………………（87）
　　三　ICSID 的调解程序 ………………………………（89）
　　四　ICSID 的仲裁程序 ………………………………（89）
　　五　ICSID 的裁判与执行 ……………………………（90）
　　六　ICSID 的优势与劣势 ……………………………（91）
第三节　中国海外投资争端解决机制的构建 ………（92）
　　一　构建中国海外投资争端解决机制的必要性 ……（92）
　　二　构建中国海外投资争端解决机制的
　　　　整体思路 ……………………………………………（93）
　　三　构建中国海外投资争端解决机制的
　　　　具体措施 ……………………………………………（94）

第六章　中国海外投资法律保障之法治服务 ……………（96）
第一节　理念：市场自由、正义与安全的
　　　　　　价值衡平 ……………………………………………（98）
　　一　以实质正义为核心，实现社会公平 ……………（99）
　　二　以和平安全为条件，保障市场自由 ……………（104）
第二节　规范：法律服务体系优化的破冰之旅 ……（107）

  一　国内机制 …………………………………（109）
  二　国际机制 …………………………………（110）
 第三节　路径：构建"三位一体"的法治服务协作
    格局 ……………………………………（113）
  一　国内合作伙伴关系 ………………………（113）
  二　国别合作伙伴关系 ………………………（114）
  三　国际合作伙伴关系 ………………………（116）

附　录 …………………………………………（120）
 附录一　和平解决国际争端公约 ………………（120）
 附录二　关于解决各国和其他国家的国民之间的
    投资争端的公约 …………………（135）

参考文献 ………………………………………（153）

后　记 …………………………………………（160）

第一章

引 言

第一节 中国海外投资的历史演进

一 中国海外投资的萌芽阶段（1979—1986年）

改革开放初期，中国主要的任务是引进来，包括引进国外资本、先进技术、设备和人才，提升出口购买力和供给能力。① 这一阶段的海外投资项目少，投资规模小，中方企业在1979—1986年海外投资累计总额为2.52亿美元，海外投资平均值为3159.38万美元，海外投资共分布于47个国家和地区，投资流向地以发展中国家和中国香港、中国澳门地区为主，投资领域主要集中在金融保险、航运服务、承包工程和餐饮业等。②

二 中国海外投资的成长阶段（1987—1990年）

1987年，中国海外投资出现了几何式的增长。与此同时，国家出台了相关的法律政策，如1989年国家外汇管理局颁布的《境外投资外汇管理办法》以及1991年国家计划委员会《关于加强海外投资项目管理的意见》等形成了早期的海外投

---

① 郑之杰：《"走出去"的法律问题与实践》，法律出版社2016年版，第3页。

② 博阳、魏昕主编：《中国企业跨国发展研究报告》，中国社会科学出版社2006年版，第84页。

资管理制度。在此阶段,共创办境外企业569家,中国海外投资合计达8.077亿美元,年均新增海外投资2.02亿美元,协议投资总额和中国海外投资分别增加了13亿美元和3.5亿美元;中国海外企业在全球的分布也扩大到90个国家和地区。①

三 中国海外投资的起飞阶段(1991—2001年)

受1992年邓小平南方讲话和党的十四大关于"积极扩大中国企业对外投资和跨国经营"精神的鼓舞,中国的海外投资进入了起飞阶段。1991年至1996年,中国共批准新办境外企业达1151家,中国海外投资年平均值为全球对外直接投资流量的1.3%。② 2000年,全国人大九届三次会议,中国将企业"走出去"战略正式作为国家战略;党的十五届五中全会上,"走出去"战略被明确写入《国民经济和社会发展第十个五年计划纲要》。截至2000年年底,中国境外投资企业达6296家,海外投资存量达76亿美元,投资涉及全球160多个国家和地区。③

四 中国海外投资的发展阶段(2002—2012年)

这一时期,随着中国改革开放的不断深入以及2001年中国加入世界贸易组织后,放宽对海外投资的限制、拓宽投资渠道,参与海外投资的中国投资企业明显增加,海外投资规模得到了迅猛地发展。④ 与此同时,出台了一系列的海外投资法律法规,如2004年《关于境外投资开办企业核准事项的规定》

---

① UNCTAD, *Sharing Asia's Dynamism: Asian Direct Investment in the European Union*. New York and Geneva: United Nations, 1996, p. 11.

② UNCTAD, *Sharing Asia's Dynamism: Asian Direct Investment in the European Union*. New York and Geneva: United Nations, 1996, p. 11.

③ 博阳、魏昕主编:《中国企业跨国发展研究报告》,中国社会科学出版社2006年版,第85页。

④ 商务部、国家统计局、国家外汇管理局:《2006年度中国对外直接投资统计公报》,2007年,第2页。

以及《境外投资项目核准暂行管理办法》等。

五　中国海外投资的升级阶段（2013年至今）

2013年，习近平总书记提出了"一带一路"伟大的倡议，其横跨亚欧大陆，东接东亚经济圈，西连欧洲经济圈，沿线共分布有60多个国家，其中大多数为发展中国家和新兴市场经济国家，该区域自然资源丰富、人口众多，市场潜力巨大，在产业发展上同中国具有高度的互补性。①"一带一路"倡议提出后，中国的海外投资发展迎来了前所未有的新局面。

第二节　中国海外投资的特点

一　投资区域主要分布于东南亚国家

东南亚地区为海上丝绸之路的咽喉要道，是海外投资利益的重心所在，由于东南亚国家同中国有着相似的历史文化背景并且地理联系紧密，作为在世界范围内华人华侨的聚集区，东南亚国家成为吸引中国直接投资最多的地区，尤其是进入20世纪90年代，双方经济联系日益紧密，双边投资贸易日益攀升。②根据商务部统计，2019年，中国企业在"一带一路"沿线对56个国家非金融类直接投资150.4亿美元，占同期总额的13.6%，主要投向新加坡、越南、老挝、印度尼西亚、巴基斯坦、泰国、马来西亚、阿联酋、柬埔寨和哈萨克斯坦等国家。③

---

① 郑之杰：《"走出去"的法律问题与实践》，法律出版社2016年版，第3页。
② 张瑾：《"一带一路"投资保护的国际法研究》，社会科学文献出版社2017年版，第58页。
③ 商务部：《2019我对"一带一路"沿线国家投资合作情况》，http://fec.mofcom.gov.cn/article/fwydyl/tjsj/202001/20200102932470.shtml，2021年1月16日。

此外，由于古丝绸之路从中国出发先经过南亚，并且"一带一路"倡议同中亚各国的利益高度契合，中亚各国热情拥抱"一带一路"倡议，最先参与并率先"结出果实"。[①] 其中，哈萨克斯坦凭借广袤的土地、丰富的自然资源以及地处欧亚大陆交通枢纽的地缘优势同中国的经济往来最为频繁。[②]

二　行业结构集中于基础设施及能源等领域

中国的对外直接投资多元化趋势明显，涵盖了国民经济的18个行业大类，而基础设施建设与能源等行业是中国目前重点投资的领域。境外工程承包是中国对外经济合作领域发展较为成熟的产业，并且不断发展壮大取得了令人瞩目的成绩。2019年，中国企业在"一带一路"沿线的62个国家新签对外承包工程项目合同6944份，新签合同额1548.9亿美元，占同期中国对外承包工程新签合同额的59.5%，同比增长23.1%；完成营业额979.8亿美元，占同期总额的56.7%，同比增长9.7%。[③]

获取海外能源从而保障中国长期能源安全是中国进行海外投资的首要目的，中国海外能源投资的步伐同中国对外能源依存度不断加深的进程相一致。近年来，中国跨国能源投资经营步入了新阶段，海外天然气及石油资源的投资规模不断发展。[④] 与此同时，由于能源及基础设施等领域投资周期长、规模大并关系复杂敏感的行业也极易催生各种投资风险。

---

① 李自国：《利益高度契合，中亚热情拥抱"一带一路"》，http：//www.ciis.org.cn/chinese/2015-06/08/content_7970687.htm，2021年1月16日。

② 张瑾：《"一带一路"投资保护的国际法研究》，社会科学文献出版社2017年版，第47页。

③ 商务部：《2019我对"一带一路"沿线国家投资合作情况》，http：//fec.mofcom.gov.cn/article/fwydyl/tjsj/202001/20200102932470.shtml，2021年1月16日。

④ 梁咏：《中国海外能源投资法律保障与风险防范》，法律出版社2017年版，第16页。

三 国有企业为对外投资风险承受的主体

2005—2014年,中央企业所经历的海外投资风险案例共发生73起,占总数的56.2%,涉及金额高达1596.6亿美元,占总金额的67.7%,近10年央企几乎每年都有在海外投资遭受重大损失的风险案例,企业不但造成了利益损失和声誉影响,甚至波及了中国海外投资的战略布局。[①]

第三节 中国海外投资法律保障的意义

改革开放以来,中国的海外投资呈现指数式的迅猛发展,并经历了由低层次向高层次,由低端产业向高端产业的转变过程。中国的海外投资遍布海外174个国家及地区,涵盖了金融、能源、制造、信息技术和基础设施建设等多个领域。可以说为中国经济,尤其是中国企业提供了良好的发展契机。

但机遇与挑战并存,随着中国企业在海外投资的数量及规模不断加大,为投资者带来明显效益的同时,风险和损失也相伴而生。首先,海外投资国家多为发展中国家,经济发展水平不同,政治制度差异大,法治环境复杂,文化宗教多样,资源禀赋迥异和利益诉求多元化等,这些差异导致在海外投资过程中增加了在诸多方面合作的协调难度,并会直接或间接影响投资者的投资行为、经营活动以及投资利益的实现。其次,许多国家政局动荡,战争与动乱屡见不鲜,存在诸多的高冲突、高风险国家及地区,为中国海外投资企业带来重大的非商业风险。[②] 最后,新冠肺炎疫情将会不可避免地导致全球经济衰退,许多国家在相当一段时期内为保护本国的就业和市场,贸

---

① 李峰:《中国企业海外投资风险:现状、成因与对策》,《现代管理科学》2016年第3期。

② 蒋桓:《"一带一路"地缘政治风险的评估与管理》,《国际贸易》2015年第8期。

易投资保护主义的趋势会增强，而中国的海外投资遭受保护主义和民族主义损害的可能性将进一步加大。

由于中国海外投资营商环境复杂，为了有效防控投资风险，一方面，企业应审慎评估东道国的投资环境，做好尽职调研，提高自身的海外投资风险意识。另一方面，政府应构建立体式、全方位的海外投资保障体系，从而实现资源的最佳调配和效益溢出，体现中国在全球治理中的应有贡献。

第 二 章

中国海外投资的法律风险

第一节 政治风险

一 概念

所谓政治风险是指一个国家政权的更迭或某一执政党的变更、国际制裁、政府干预或政策变化等给企业造成的风险。政治风险按其产生的原因可归结为东道国的政局动荡、政策干预、政府违约、国有化及征收等风险。据统计，2005—2014年发生的海外投资失败案例中，有25%的案例由于东道国政府更迭、政局动荡等原因所导致，从而使得投资者在海外项目运营过程中遭受了重大损失。

二 表现形式

（一）政局动荡风险

在地缘政治上，目前在欧亚大陆自东向西包括南亚、中亚、西亚及北非正逐渐形成一个"社会政治动荡风险弧"，同中国多个海外投资项目所在区域相重合，从而推升了中国海外整体利益面临的政治风险。[1] 例如，伊拉克、乌克兰、叙利亚、阿富汗等国家长期处于战乱的危险之中。据商务部统计，

---

[1] 张瑾：《"一带一路"投资保护的国际法研究》，社会科学文献出版社2017年版，第23页。

中国至少有 75 家企业曾在利比亚参与投资，涉及合同金额高达 188 亿美元，其中仅中国建筑、中国铁建、中国中冶、葛洲坝等四家企业因利比亚国内战乱导致被迫停工合同金额高达 410.35 亿元。[①] 而由于东道国战乱对外国投资者所造成的经济损失，东道国政府通常只承担有限责任。[②]

（二）政策干预风险

为了平衡本国企业同外资企业的竞争关系或基于保护国内优势企业的考量，东道国政府会通过政策来干预外资的准入及经营方式，从而维护本国企业的市场竞争力，例如东道国会在进出口方面设置壁垒，通过制定具有倾向性的关税、进口许可政策等方式迫使外资企业从成本角度出发而选择东道国的原材料。[③]

（三）政府违约风险

东道国若发生政权更迭的情形，新政权可能单方面改变或者撤销旧政权签订的跨境投资协议或项目。东道国政府产生违约后则通常以国家豁免为由拒绝承担责任，从而使得外国投资者面临巨大的政治风险。许多海外投资项目是通过东道国政府同外国投资者签署协议以赋予该外国投资者在特定时间和条件下享有对该国的自然资源开发或公共事业建设进行投资等特殊经济活动的权利，当国内政治局势发生改变，投资者有可能面临东道国单方面解除投资协议的违约风险。[④] 2016 年 11 月 1 日，马来西亚政府同中国交通建设集团签署了东部铁路项目，2017 年 8 月 9 日正式开工，工期 7 年。然而在 2018 年 5 月，

---

① 梁咏：《中国海外能源投资法律保障与风险防范》，法律出版社 2017 年版，第 60 页。
② S. Linn Williams, "Political and Other Risk Insurance: OPIC, MIGA, EXIM-BANK and Other Providers", *Pace International Law Review*, Vol. 3, 1993, p. 64.
③ 张瑾：《"一带一路"投资保护的国际法研究》，社会科学文献出版社 2017 年版，第 19—20 页。
④ 张瑾：《"一带一路"投资保护的国际法研究》，社会科学文献出版社 2017 年版，第 19 页。

随着前总理纳吉布的下台,新总理马哈蒂尔当政后,中资项目就遭遇了刁难并以成本过高叫停了该项目。2019年4月12日,马来西亚宣布叫停8个月的东海岸铁路项目复工。根据马来西亚同中国签署的协议,原造价1069亿元人民币的东海岸项目最终降价351亿元人民币作为代价。

(四)国有化及征收风险

东道国基于公共利益的需求会对外国投资者在东道国的部分或全部财产实行征收或国有化。传统意义上的征收主要通过颁布法令等方式转移投资的实际控制权及财产所有权的行为,即直接征收(direct expropriation)。例如2012年4月,阿根廷总统宣布国有化西班牙持有股份的石油公司。由于近些年拉丁美洲等国家对天然气以及石油民族主义运动的兴起,中国的能源投资企业因此受到巨大影响。20世纪六七十年代,诸多发展中国家曾掀起国有化热潮,征收风险十分明显;进入80年代,各国政府为了吸引外资发展经济,直接征收风险大大降低,但间接征收风险有所提升。[①] 间接征收(indirect expropriation),即东道国政府虽然没有公开宣布征收企业的财产,而是通过规则性干预(regulatory interventions)等途径阻碍投资者对投资的财产及股权予以有效控制、使用和处置的权利。[②] 例如2006年4月,厄瓜多尔政府通过《石油修正法案》规定,厄瓜多尔政府有权对外国石油公司高于基准价所获得的额外收入征税50%。2007年10月,厄瓜多尔政府颁布总统令将税率提高至99%,西班牙的雷普索尔集团曾以间接征收为由将厄瓜多尔政府告至国际投资争端解决中心仲裁庭。

三 典型案例

中远集团曾投资超40亿元人民币负责管理希腊比雷埃夫

---

① 漆彤:《中国海外投资法律指南》,法律出版社2019年版,第338页。
② 文川、刘英:《"一带一路"战略与企业"走出去"法律风险应对研究——以广东为例》,云南大学出版社2017年版,第42页。

斯港的两个集装箱码头，2008年10月，中远集团宣布其旗下控股公司中远太平洋获得比雷埃夫斯港第2号和第3号码头35年的特许经营权，并于2008年11月同希腊比雷埃夫斯港务局签署了《比雷埃夫斯港集装箱码头特许经营权转让协议》。2015年1月，希腊新一届政府阻止了比雷埃夫斯港的私有化进程，直接叫停了中远集团及其他4家竞购者在比雷埃夫斯港的投资项目。直至2016年3月，希腊政府以新报价同意重启该项交易。虽然中远集团比雷埃夫斯港集装箱码头项目最终得以继续运营，但因希腊政府的违约行为对投资者造成的巨大经济损失则难以挽回。

密松水电站项目位于缅甸境内的伊江上游流域。由于资金匮乏以及技术落后，缅甸政府一直努力寻求海外投资者在该区域兴建水电站项目。2006年10月，中电投集团在缅甸成立了合资公司。2009年，中国和缅甸两国政府共同签署了《关于合作开发缅甸水电资源的框架协议》，该协议规定由中电投集团负责开发包括密松水电站在内的伊江上游水电项目。随后，中电投集团进行了技术论证并履行了中缅两国全部的法律程序。2011年9月，由于该项目遭到了东道国国内反对势力的施压，缅甸政府被迫违约搁置了密松水电站的开发项目，从而使得投资者蒙受了巨额损失。

四　相关措施

中国政府应积极同相关国家推进双边投资协定的签署与完善，建立广泛的双边投资协定网络，使东道国的国内法问题提升至国际法层面加以解决，从而增强海外投资的稳定性与可预见性；在合适条件下，考虑启动外交保护机制。当两国间尚未签署双边投资协定，争端解决途径失灵或缺位，并涉及重大投资利益时，中国政府可以在坚持和平共处基本原则下，审时度势通过外交保护途径，同东道国进行协商与调解，从而有效保障海外投资的安全。此外，积极完善海外投资的保险机制，扩大保险范围,明确相关概念,突出中信保等保险机构在保护海外投资当中的地位和作用。[①]

第二节 税收风险

一 概念

税收风险主要是指企业的海外投资或经营活动不符合东道国、母国或第三国的税收法律制度的规定而导致企业承担经济损失或其他责任的风险,而税收风险的成因主要包括法律环境的因素或企业自身的因素。[②]

二 表现形式

由于税务问题涉及投资架构、交易安排、资金融通等诸多方面,因此税务问题在很大程度上是企业经营成败的关键因素。[③] 目前,由于中国海外投资多为发展中国家,税收制度尚不完善,而企业对东道国税收制度的了解匮乏,并缺乏系统性的税收风险管理体系,使得"走出去"企业在税收风险问题上面临严峻的挑战。海外投资存在的重大税收风险主要包括以下五个方面。

一是外国企业有可能被东道国认定为常设机构以行使优先征税权。若认定为非常设机构,东道国不得对该外国企业强行征税。若认定为常设机构,应按照东道国税法规定申报纳税,否则将面临被处罚的风险。

二是在投资架构安排实施过程当中,由于投资者母国和东

[①] 梁咏:《中国海外能源投资法律保障与风险防范》,法律出版社2017年版,第64页。

[②] 郑之杰:《"走出去"的法律问题与实践》,法律出版社2016年版,第184页。

[③] 文川、刘英:《"一带一路"战略与企业"走出去"法律风险应对研究——以广东为例》,云南大学出版社2017年版,第193页。

道国的税务处理差异而导致的双重征税风险①。

三是由于东道国的税制政策及税务管理产生的流转税及其他税务成本不确定性和变动的风险。

四是由于投资者母国与东道国因税收监管所采取的税务检查、调整等影响企业经营生产的风险。②

五是由于在东道国面临的税收纠纷而导致的风险,例如外国投资者不熟悉东道国相关的税收法律规定而导致的败诉风险或因诉讼程序繁冗而影响企业的正常运营。

三 典型案例

某家来自上海的公司在印度投资,被当地政府认定为常设机构。按印度相关税收法律的规定,该公司应将其在印度的全部投资所得在当地进行缴税。在企业同印度税务部门进行咨询和沟通后,印度税务机关只同意先完税再进行申请退税的程序,而在印度申请退税的程序极其繁杂以及耗时,需要至少5—10年的时间。即便申请退税最终得以批准,为此花费的费

---

① 在我国,采用"抵免法"以消除企业所得被重复征税。如中英税收协定规定:1. 中国居民在英国取得的利润、所得或财产收益,按规定在英国所缴纳的税收,应允许从该投资者在中国征收的税收中进行抵免。但抵免额不应超过对该项利润、所得或财产收益按中国税收法律规定计算的中国税收数额。2. 若在英国取得的所得为英国居民公司支付给中国居民公司的股息,该中国居民公司拥有支付股息公司股份 20% 以上,该项抵免需考虑支付股息公司就其所得缴纳的英国税收。

② 文川、刘英:《"一带一路"战略与企业"走出去"法律风险应对研究——以广东为例》,云南大学出版社 2017 年版,第 193 页。居民是国际税法中界定税收管辖权的重要概念。各国对法人居民身份的确认主要包括以下四种方式:1. 注册登记地方式;2. 注册登记地和实际管理机构所在地相结合方式;3. 公司所在地和实际管理机构相结合方式;4. 公司注册地和总部所在地相结合的方式。按此规定,有些企业会满足在多个国家构成居民的情况。例如根据我国企业所得税法的相关规定,我国采用注册登记地与实际管理机构所在地相结合的方法。中国企业若在国外设立公司,并不代表只需在外国缴税,若该公司实际管理机构在中国境内,同样构成中国居民企业,同样需要在中国缴税,从而面临双重征税风险。参见郑之杰《"走出去"的法律问题与实践》,法律出版社 2016 年版,第 184—185 页。

用也将超过最终申请的退税款。[1]

四 相关措施

为了有效避免在东道国可能面临的各种形式的税务风险，企业应在以下三个方面加强税收管理建设：首先，充分掌握并合理使用所得税的相关规定，如税收抵免制度、国际税收协定[2]等，从而有效避免双重征税。其次，通过投资架构以及交易安排以降低企业整体的税负，比如建立海外投资架构，利用中间持股公司进行投资以降低整体税负，通过供应链以及交易安排，如运用服务、贸易、融资等形式降低整体税负。最后，通过建立贯穿于项目招投标阶段、商业谈判阶段、启动运营等阶段全面的税收管理体系以规避可能产生的税收风险，以达到提升海外投资回报的目的。[3]

第三节 环境风险

一 概念

环境风险是指海外投资者由于不了解东道国有关环境方面的法律、法规等或自身缺乏环境责任意识，其商业活动造成了当地的环境污染等环境保护问题，从而导致项目搁置造成了巨大的经济损失或面临环境纠纷等的风险。

---

[1] 漆彤：《中国海外投资法律指南》，法律出版社2019年版，第336—337页。

[2] 国际税收协定可以有效避免重复征税，国家间通过税收协定，明确了各缔约国的税收管辖权，从而保证投资者的境外税收利益，并消除国际重复征税。此外通过税收饶让以实现缔约国的税收优惠政策。因此，境外投资者应充分了解协定的相关内容，如常设机构的含义、缔约国居民身份的认定以及缴税的抵免从而切实享有相关的优惠政策，并有效维护自身合法权益。郑之杰：《"走出去"的法律问题与实践》，法律出版社2016年版，第191页。

[3] 文川、刘英：《"一带一路"战略与企业"走出去"法律风险应对研究——以广东为例》，云南大学出版社2017年版，第193页。

二 表现形式

环境与投资的矛盾历来是相伴相生的,丰富的自然资源以及良好的自然环境有利于东道国更好吸引外部投资者以促进本国的发展,而在经济快速发展的背后,必然会使得当地的资源利用量、废物排放量以及污染强度急剧增加。[①] 因此,海外投资与环境保护的矛盾尤为突出。而中国海外投资领域多为能源和基础设施建设等项目,属于对环境影响较大的行业,并且主要投资区域多集中于生态环境较为脆弱的非洲、东南亚等区域,所面临的环境风险不可小觑。

由于环境是人类社会的组成部分(constitutive of human society),环境与社会的关系属于一种道德关切。[②] 环境保护作为一种势不可当的世界思潮,其影响得到了东道国政府、媒体和公众的广泛关注,国际社会为有效限制人类开发和利用自然资源,也出台了诸多有关环境保护的国际公约和国际性法律文件(见表2—1)。若海外企业只顾追求扩大自身利润而对环境等方面的负面效应置若罔闻,从而违背时代发展需求并违反东道国环境保护的相关法律,势必将受到严重制裁。[③] 例如埃克森美孚公司曾因石油泄漏事故支付了15亿美元的惩罚性赔偿;英国石油公司在墨西哥湾发生的石油泄漏事件为受影响的渔民及索赔人支付了78亿美元的赔偿。因此,环保问题应该成为中国海外投资整体战略中值得特别关注的方向。中国投资者要统筹协调好投资与环保的关系,从而实现利益最大化与可持续发展的有效平衡。

[①] 郑之杰:《"走出去"的法律问题与实践》,法律出版社2016年版,第131页。

[②] J. Barry ed., *Environment and Social Theory*, Routledge, 1999, p. 216.

[③] 张瑾:《"一带一路"投资保护的国际法研究》,社会科学文献出版社2017年版,第20页。

表 2—1　　　　　　環境保護相关的国际规范

时间	制定机构	规范名称
1969 年	国际海事组织	《国际油污损害民事责任公约》
1969 年	国际海事组织	《国际干预公害油污事故公约》
1971 年	荷兰等国家	《关于特别是作为水禽栖息地的国际重要湿地公约》
1972 年	联合国教科文组织	《保护世界文化和自然遗产公约》
1972 年	联合国	《联合国人类环境会议宣言》
1973 年	法国等国家	《濒危野生动植物物种国际贸易条约》
1976 年	国际海事组织	《国际油污损害民事责任公约议定书》
1978 年	法国等国	《国际植物新品种保护公约》
1982 年	联合国	《联合国海洋法公约》
1982 年	联合国	《跨国公司行为守则》
1985 年	联合国环境规划署	《保护臭氧层维也纳公约》
1985 年	联合国大会	《企业与人权指导原则》
1986 年	国际原子能机构	《及早通报核事故公约》
1987 年	联合国环境规划署	《关于消耗臭氧层物质的蒙特利尔议定书》
1989 年	联合国环境规划署	《控制污染废物越境转移及其处置巴塞尔公约》
1992 年	联合国	《气候变化框架公约》
1992 年	联合国环境规划署	《生物多样性公约》
1992 年	联合国	《关于环境与发展的里约宣言》
1994 年	国际热带木材组织	《国际热带木材协定》
1994 年	联合国	《联合国防止荒漠化公约》
1997 年	联合国	《京都议定书》
1997 年	社会责任国际组织	《SA 80000》
2000 年	联合国环境规划署	《卡塔赫纳生物安全议定书》
2001 年	联合国环境规划署	《关于持久性有机污染物的斯德哥尔摩公约》
2003 年	联合国促进和保护人权小组委员	《跨国公司和其他工商企业在人权方面的责任准则》
2006 年	国际标准化组织	《ISO 26000》

三 典型案例

中国曾与墨西哥企业共同合作开发位于墨西哥的坎昆龙城项目,是继迪拜龙城之后中国企业在海外合作建设的最大投资项目之一。2011年3月,坎昆龙城项目正式揭幕,但之后由于种种原因一直处于停滞状态,其中环境审批问题是最重要的原因之一。2012年9月,金州环境和资源局审批了坎昆龙城项目的环境评估报告,随后联邦环境检察厅签发了无环境违规决议,从而完成了项目开工的审批环节。2013年9月,该项目获得了当地政府颁发的项目开工许可。此项目于2013年11月27日正式开工,但项目的开工不仅备受瞩目同时引起了各方面的社会争议。墨西哥的反对党以及非政府环境保护组织以该项目的环境审批存在纰漏为由不断通过各种途径叫停该项目的实施,并于2013年12月向联邦地区法院提交诉状,控告联邦环境检察厅及其金州代表渎职。最终,联邦环境检察厅败诉。之后,联邦环境检察厅重新对坎昆龙城项目进行评估,撤回了无环境违规决议,并指出该项目由墨西哥环境和资源保护部批准,由于审批手续不完整使得该项目被迫暂停。此外,联邦环境检察厅以该项目未经政府批准擅自破坏当地生态环境为由对坎昆龙城项目处以总计2200万比索的罚金。2015年1月26日,联邦环境检察厅以坎昆龙城项目审批手续不完整、破坏当地环境以及未及时缴纳罚金为由终止了坎昆龙城项目的实施建设。

四 相关措施

中国海外投资国家有许多沿海或岛屿国家,因处于热带或亚热带地区,其海洋资源、动植物、林牧业以及矿产资源丰富,应限制和禁止濒危动植物以及稀缺资源的贸易,避免在项目投资过程中对非可再生资源进行过度的开采,采用可持续的生产和利用方式有效保护当地的生态环境和宝贵自然资源。①此外，许多交通及能源建设类项目会影响当地的生态环境，因此中国企业在海外投资前应聘请专业人士进行实地考察并作出全面的环保论证与环保评估，听取当地居民与环保组织的意见，了解东道国相关的环保法律规定、行政管理制度以及相关政策，明确法律限制的内容②，遵守融资信贷的国际环保标准③，关注各国对环保的特殊性要求④，避免未经论证而盲目推进海外基础设施建设的投资项目。⑤

第四节 劳工风险

一 概念

劳工风险是指海外投资者在东道国生产运营过程中同当地

---

① 石佑启、韩永红、向明华、王燕、杨嵩棱：《"一带一路"法律保障机制研究》，人民出版社2016年版，第98页。
② 例如阿联酋基于环保和卫生方面的考虑，出台相关法律规定禁止出口特定物品，如《危险物质、危险废料以及医疗废料处理的规定》《控制危险废料越境转移及处置的巴塞尔公约》《关于在国际贸易中对某些危险化学品和农药采用事先知情同意程序的鹿特丹公约》；塞拉利昂的《环境保护局法案》规定禁止向大气、土壤及水中投放有害物质；美国环保局出台的《有毒物质控制法》规定对58000多种化学物质予以控制。参见郑之杰《"走出去"的法律问题与实践》，法律出版社2016年版，第136页。
③ 一些国际组织和发达国家银行对信贷项目提出了完善的环境保护体系和标准，例如世界银行制定的环境、健康和安全准则。国际金融公司IFC于2006年出台了一套评价和管控环境风险的标准，要求申请融资项目公司严格按照相关标准管理环境风险。OECD经合组织也出台了符合国际环保标准的推荐实施方案。目前赤道原则成为国际项目融资评估、管理和监测环境问题的新标准，其依据国际金融公司和世界银行标准制定。参见郑之杰《"走出去"的法律问题与实践》，法律出版社2016年版，第139—140页。
④ 由于自然、地理等条件的原因，有些国家会对环保有特殊的立法规定，例如新西兰受地理孤岛因素影响，对外来物种的管控十分严格。由于肯尼亚拥有丰富的野生动物资源，因此对水资源、森林资源以及生物多样性的保护有特别要求。参见郑之杰《"走出去"的法律问题与实践》，法律出版社2016年版，第136页。
⑤ 石佑启、韩永红、向明华、王燕、杨嵩棱：《"一带一路"法律保障机制研究》，人民出版社2016年版，第98页。

的雇员所产生的劳动权利义务纠纷的风险。例如忽视同劳动者有效沟通的风险、忽视同当地工会的关系所产生的风险,以及不熟悉当地劳动法律规定和争端解决程序所带来的风险。

二 表现形式

劳工权益保障也是海外投资企业面临的重要问题。许多国家拥有相当健全的劳工法律制度,例如获得劳动报酬权、平等就业权、休息休假权、劳动安全保护权、社会保障权、职业培训技能权、民主管理权以及结社罢工权等。中国投资者由于经验不足、知识不充分、不擅长妥善处理同劳工及工会的关系等,导致海外投资劳动纠纷不断,甚至引发集体罢工、游行抗议等情况。因此,海外投资企业应充分尊重和保障劳工应有的权利,否则不仅会受到东道国的法律制裁,并且一旦引发劳工的不满情绪则会影响到正常的生产经营活动,而企业面临的潜在损失将是无法估量的,同时也会恶化中国投资者在东道国的投资环境。例如中国首钢集团在秘鲁建立了首钢秘鲁铁矿股份有限公司,由于缺乏对当地劳工法律制度的了解,并且未注重同工会的关系,仅2014年8月的一次罢工事件就使公司遭受了高达数万美元的直接经济损失,这为中国海外投资企业敲响了警钟,积极应对海外劳工风险是保证中国企业在东道国可持续发展的必由之路。[①]

随着国际社会对人权的高度关注,劳工权利作为工作中的人权,在国际公约中被广泛规定,例如1948年的《世界人权宣言》、1966年的《公民权利和政治权利国际公约》以及1966年的《公民权利和政治权利国际公约》(见表2—2)。自20世纪70年代以来,在国际劳工组织的大力推动下,国际社会对投资与劳工问题,尤其是跨国投资活动中的劳工问题予以

---

① 张埕:《"一带一路"投资保护的国际法研究》,社会科学文献出版社2017年版,第20页。

特别的关注,劳工权利的保护成了国家必须履行的义务以及企业应当承担的社会责任。①

表 2—2　　　　与劳工保护相关的国际规范

时间	制定机构	规范名称
1930 年	国际劳工组织	《强迫劳动公约》
1948 年	国际劳工组织	《结社自由与保护组织权公约》
1948 年	联合国	《世界人权宣言》
1949 年	国际劳工组织	《组织权与集体谈判权公约》
1951 年	国际劳工组织	《对男女工人同等价值的工作赋予同等报酬公约》
1957 年	国际劳工组织	《废除强迫劳动公约》
1958 年	国际劳工组织	《就业和职业歧视公约》
1966 年	联合国	《公民权利和政治权利国际公约》
1966 年	联合国	《经济、社会及文化权利国际公约》
1973 年	国际劳工组织	《最低年龄公约》
1976 年	经合组织	《跨国公司准则》
1982 年	联合国	《跨国公司行为准则》
1997 年	社会责任国际组织	《SA 8000》
1999 年	国际劳工组织	《最恶劣形式的童工劳动公约》
1999 年	联合国	《全球契约》
2003 年	联合国促进和保护人权小组委员	《跨国公司和其他工商企业在人权方面的责任准则》
2006 年	国际标准化组织	《ISO 26000》
2011 年	联合国人权委员	《企业与人权指导原则》

---

① UNCTAD, *Employment: UNCTAD Series on Issues in International Investment Agreements*, United Nations, 2000, pp. 3, 15, 33。20 世纪 90 年代以来,经济全球化与可持续发展相互依赖和复合逐步成为国际社会的时代特征,国际社会开始重视经济全球一体化背景下投资自由化与劳工保护之间的协调与冲突,双边投资贸易协定作为国家间订立的专门协定,努力在尊重东道国公共利益与保护外国投资者利益之间达到更好的平衡。参见 [美] 罗伯特·基欧汉、约瑟夫·奈《权力与相互依赖》,门洪华译,北京大学出版社 2002 年版,第 24—38 页。

三　典型案例

2004年,上海汽车集团股份有限公司与韩国双龙汽车株式会社达成协议,上汽通过收购获得双龙汽车51.33%的股份,成为该公司的绝对控股股东,对该公司的技术、销售、品牌和资产等拥有绝对控制权。但自上汽收购双龙以来,上汽同双龙工会之间的关系一直十分紧张。双龙工会组织了多次较大规模的罢工活动,对双龙正常的生产和经营活动都造成了重大影响,加之国际金融危机和能源价格上涨等多重因素的影响,双龙集团陷入了严重的经营危机并进入了破产重组程序。但双龙集团进入破产重组程序后其生产经营困难并未得到缓解。2009年4月和7月,双龙工会再次组织工人罢工甚至工人暴动活动。虽然之后双龙集团一直谋求企业回生计划,上汽都将丧失对双龙集团的控制权,并为此次收购付出了40亿元的巨大代价。

2012年8月4日,赞比亚南方省辛那桑圭地区的中资煤矿——科兰煤矿因劳资纠纷发生了暴力冲突事件,造成中方1人死亡,2人受伤。此暴力事件的发生是由于赞比亚新任政府为了兑现竞选承诺,颁布新劳动法以大幅提高工人的工资,此举大大激起赞比亚劳工要求按新劳工法涨薪的浪潮,从而导致了赞比亚劳资关系普遍紧张甚至恶化。8月2日,科兰煤矿同工会达成协议从8月起开始执行最低工资标准,但工人无视工会同投资者达成的协议要求从7月起即按照最低工资标准执行,8月4日工人同投资者的紧张情绪再次集中爆发,从而导致了此次暴力事件的发生。[①]

四　相关措施

中国海外投资者应全面了解和遵守东道国有关劳动的法律

---

① 《赞比亚柯蓝煤矿发生纠纷》,《国际金融报》2012年8月7日,第5版。

法规,[1] 包括劳工权利保护和劳动争端解决等方面的内容,同时要充分了解国际社会关于劳工保护的各项规定。在投资运营过程中应充分尊重劳动者的职业和平等就业权、获得劳动报酬权、休息休假权、民主管理权、接受职业技能培训权、获得劳动安全卫生保护权、享受社会保障权、结社罢工和集体谈判权八项基本劳工权利。企业要制定科学合理的劳工管理制度,建立劳工协调与预警机制,同当地工会保持良好沟通,及时有效解决劳务纠纷。[2] 此外,积极吸纳东道国的就业人员,推进企业的本土化,增强当地民众的企业认同感和信任感。[3]

第五节 知识产权风险

一 概念

知识产权主要包括专利、商标、版权和外观设计四方面的内容。东道国借助法律赋予的垄断地位,为保证本国企业的竞争优势,以高标准保护知识产权为手段,从而使得外国投资者面临知识产权诉讼或知识产权被侵害的风险。

二 表现形式

技术进步是推动国家经济增长的长期拉动者,使得更有效

---

[1] 例如日本制定了《劳动基准法》《劳动安全卫生法》《最低工资法》三部保障劳动者的基本法律。按照相关法律规定,雇主必须在用工合同中明确以下事项:合同期限、工作时间起始、劳动地点和从事业务、有无加班、休息日和休假、工资及其支付方法、工资截止时间和发放时间以及退休有关事项等。韩国在《劳动基准法》中规定工作时间为每天 8 小时,每周 40 小时。涉及一般性加班、夜班、节假日加班等,须经本人同意。涉及孕妇产后不满 1 年的女性劳动者、未满 18 岁的劳动者加班的,须经得劳动部的批准。并且雇主无正当理由不得对其员工进行解雇、停职、调动、减薪及其他惩戒。巴西劳工法规定,本国雇佣者人数和工资收入分别不得低于企业全部劳工人数和工资总额的 2/3。参见郑之杰《"走出去"的法律问题与实践》,法律出版社 2016 年版,第 154—157 页。

[2] 漆彤:《中国海外投资法律指南》,法律出版社 2019 年版,第 153 页。

[3] 漆彤:《中国海外投资法律指南》,法律出版社 2019 年版,第 153 页。

率地进行产品的生产和服务，从而引领产品的升级和革新。[1]技术进步能够带来巨大收益的同时亦需要消耗巨大的资源，而复制已有技术则是一种成本低廉的方式，从而促使多个国家对知识产权尤为重视。由于知识产权的保护具有地域性，而各国的知识产权保护准则参差不齐，例如外国投资者在其母国或其他国家所享有的专利权、著作权和商标权等并不意味着在东道国自然享有该权利，需要依照东道国的知识产权法律规定获得专利权、著作权和商标权后才能得到保护。[2]而各国由于经济发展不平衡，对知识产权的保护存在着巨大差异。发达国家坚持"全球保护主义"原则，实行严格高标准的保护，其知识产权保护制度较为成熟。[3]同发达国家相比，发展中国家的知识产权保护力度相对薄弱，门槛略低。而中国海外投资国家多为发展中国家，因此中国海外投资者在"走出去"过程中对知识产权的保护应尤为重视。

中国企业在海外投资过程中面临的知识产权风险主要表现为以下四个方面：一是知识产权制度风险。由于各国间经济发展水平不平衡，不同国家的知识产权保护政策及法律制度存在差距，有些企业由于不了解各国间专利制度的差异而遭到东道国专利侵权的指控。二是知识产权壁垒风险。技术标准作为一

---

[1] Edward M. Graham, David M. Marchick. *US National Security and Foreign Direct Investment*. Washington D. C. ：Institute for International Economics, 2006, p. 84.

[2] 梁咏：《中国投资者海外投资法律保障与风险防范》，法律出版社 2010 年版，第 99 页。

[3] 美国针对其他国家侵犯知识产权的行为设置了严格的调查程序，例如"301 条款"和"337 调查"。美国贸易代表办公室（USTR）每年会发布《特别 301 评估报告》以全方位评估对美国有贸易合作关系国家的知识产权保护情况，并根据存在的问题及严重程度列为"重点国家"、"重点观察国家"、"一般观察国家"以及"301 条款监督国家"。被列入"重点观察国家"不会立即要求磋商或实施贸易报复措施。被列入"重点国家"公告后的 30 天内须对其展开 6—9 个月的调查，并要求该国采取相应举措，否则将采取贸易报复措施实施制裁。被列入"301 条款监督国家"，可不经过调查而直接发动贸易报复程序。"337 调查"是针对进口产品侵犯美国知识产权的行为。参见郑之杰《"走出去"的法律问题与实践》，法律出版社 2016 年版，第 197 页。

种技术性贸易壁垒措施是许多国家在国际贸易中所采取的战略，尤其在传统贸易壁垒日益受到国际条约限制的情形下，各国通常以保护知识产权的名义对中国企业涉及知识产权的技术贸易、货物贸易及投资设置障碍。三是知识产权运营风险。知识密集型企业和传统制造业所面临的困境有所不同，知识密集型产业如通信技术产业容易遭遇商业秘密侵权、技术垄断及电子产品盗版问题，传统制造业则需要关注商品抢注和侵权，以及产品外观专利、版式设计等知识产权问题。[1] 四是知识产权滥诉风险。许多国外竞争对手为阻挠中国企业进入本国市场而无端发起诉讼，中国企业由于高昂的诉讼费用以及东道国法院缺乏中立性和公正性而被迫放弃海外市场。[2]

目前，国际知识产权保护体系主要包括世界知识产权组织（WIPO）体制下的 PCT 和马德里协定，以及世界贸易组织（WTO）下的 TRIPs 协定（见表2—3）。

表2—3　WIPO 及 WTO 体制下知识产权保护相关内容

WIPO 公约保护的主要内容	艺术、文学和科学作品；艺术家的表演及录音制品和广播；商标、服务商标以及商业名称和标志；科学发现；人类发明；制止不正当竞争；在科学、工业、文学及艺术领域内由于智力活动而产生的一切其他权利
WTO 体制下的 TRIPs 协定保护的主要内容	商标权、专利权、版权及邻接权、工业品外观设计、地理标志权、集成电路的布图设计、商业秘密

世界知识产权组织是联合国保护知识产权的专门机构，主要运行《罗马公约》《巴黎公约》《伯尔尼公约》和《专利合作

---

[1] 石佑启、韩永红、向明华、王燕、杨嵩棱：《"一带一路"法律保障机制研究》，人民出版社2016年版，第96页。

[2] 文川、刘英：《"一带一路"战略与企业"走出去"法律风险应对研究——以广东为例》，云南大学出版社2017年版，第49—50页。

条约》（PCT）。世界贸易组织下的 TRIPs 是当前全球范围保护程度最高、保护范围最广的知识产权国际公约（见表2—4）。

表2—4　　　　TRIPs 知识产权公约主要原则

透明度原则	要求法律和司法或行政裁决可以获得并知晓，从而使其他国家的企业或国民能享受相应的优惠，规避不必要的风险，发现不合理要求，从而预防争端的发生
国民待遇原则	要求确保各成员国在知识产权保护上对其他成员国的企业或国民提供的待遇不得低于其本国国民
最惠国待遇原则	要求平等对待所有外国人，此原则尤其适用于当某些外国人在一国享有不同于或超出于本国国民的特殊待遇时，其他外国人也想获得同样的待遇

三　典型案例

欧盟是设置技术贸易标准最多的国家，尤其在机械、汽车、制药以及家用电器等方面，例如中国温州的打火机事件证明了这点。当年中国温州打火机年产量高达 8.5 亿支，出口达 5 亿支，在欧洲市场的占有率为 80%。2002 年 5 月，欧盟标准化委员会出台了关于打火机的安全标准，要求出厂价或海关价低于 2 欧元的打火机必须配备防止儿童开启的安全锁，并且需要通过欧盟相关机构的认证。而温州的打火机出口价格大约为 1 欧元，且大部分未安装安全锁装置。因此，按照新规定在 2004 年 6 月后温州向欧盟国家出口的 1 欧元以下的打火机必须安装儿童安全锁。而儿童锁专利大都为欧洲和美国国家所掌握，中国打火机企业若想达到欧盟的出口要求，需要花费高昂的专利使用费，生产成本大幅提高，从而失去价格优势；或者自行开发研制，则需要较大的时间和经济成本。因此，这一规定使其成为中国打火机进入欧洲重要市场的非关税壁垒。

四 相关措施

中国"走出去"的企业应尽快摆脱严重依赖国外先进核心技术的窘境,应重视自身的技术创新,降低对外的依存度,加大对技术研发的投入,形成企业的核心竞争力,不断增强企业的自主创新能力。依靠科技进步,提高产品科技含量及附加值。同时,为了降低运营成本,当自身关键技术尚不成熟的情况下,应拓宽对外贸易的国际渠道,优化企业供应链结构。此外,企业在打造品牌和专利技术过程中,应注重及时进行商标的国际注册,防止他人抢注,从而侵害自身利益。

第六节 腐败风险

一 概念

海外投资企业为了谋取商业利益向东道国政府公职人员行贿所产生的风险。

二 表现形式

为了打击跨国商业腐败和贿赂行为,联合国和区域性组织签署并通过了一系列条约用以预防和打击在外国管辖权下经营的企业所从事的商业贿赂行为(见表2—5)。

表2—5　　　与企业反腐败有关的国际规范

时间	制定机构	规范名称
1976年	经合组织	《跨国公司准则》
1982年	联合国	《跨国公司行为准则》
1985年	联合国人权委员会	《企业与人权指导原则》
1996年	联合国	《反对国际商业往来中的贪污贿赂行为的宣言》

续表

时间	制定机构	规范名称
1997 年	经合组织	《禁止在国际商业交易中贿赂外国公职人员公约》
1999 年	联合国	《全球契约》
2000 年	联合国	《打击跨国有组织犯罪公约》
2003 年	联合国	《联合国反腐败公约》
2003 年	联合国促进和保护人权小组委员会	《跨国公司和其他工商企业在人权方面的责任准则》
2016 年	国际商会	《打击勒索和贿赂行为准则与建议》

此外，各国也对商业腐败行为做了严格规定。中国《境外投资管理办法》第 29 条明确规定："企业以欺骗、贿赂等不正当手段获得境外投资核准的，商务部撤销该企业境外投资核准，给予警告，并依法公布处罚决定。该企业在 3 年内不得再次申请该项核准；构成犯罪的，依法追究刑事责任。"

三 典型案例

世界免税公司为了获得在肯尼亚免税店的经营许可，其公司代表于 1989 年 2 月向中间人的账户汇款 200 万美元，并在 3 月造访肯尼亚期间，继续对时任的肯尼亚总统实施贿赂。该公司因此在 1989 年 4 月获得了同肯尼亚机场为期 10 年的免税店经营许可协议。随后，世界免税公司投资约 2700 万美元在肯尼亚的内罗毕机场和蒙巴萨机场更新升级设施。然而 1992 年由于该公司的贿赂行为，肯尼亚政府单方面终止了该协议。

四 相关措施

在国际经济秩序重塑的新形势下，准确把握并有效控制海外投资所面临的腐败风险，努力消除权力寻租空间。

其一，推进企业海外投资反腐败立法。

目前，中国境外投资反腐败的相关法律欠缺针对性和强制性，形成了企业境外投资监管的严重缺位。① 尽管中国在签署《联合国反腐败公约》后，在《刑法修正案（八）》中增设了"对外国公职人员及国际组织官员行贿罪"，但相关规定过于笼统，难以判断有些企业海外贿赂行为是否可以纳入中国的管辖权范围，同时由于惩戒力度十分薄弱，无法达到有效打击和遏制海外腐败犯罪的目的。近年来，中国同其他国家缔结的双边投资条约质量虽有显著提升，但条约涉及的内容主要包括投资保护、损害赔偿、争端解决等问题，有关腐败规制方面的内容存在缺失。因此，中国应加快商业贿赂犯罪的专项立法，推进《反海外腐败法》的制定，为海外投资建设提供坚实的制度保障，加强对商业贿赂行为的惩治力度，有效规避英美国家的域外长臂管辖，净化海外的投资环境。

为了破解全球范围内日益突出的腐败问题，国际上先后出台了可谓形形色色的反海外腐败的法律制度。中国政府应积极参与全球腐败治理工程，抓住加入《联合国反腐败公约》的发展契机，借鉴国际反腐法律制度与实践，制定立足中国国情同国际公约相契合的中国《反海外腐败法》，明确界定海外贿赂的内涵及外延、管辖权、资产追回、司法协助、惩罚措施、国际合作等内容，从而对中国企业在全球范围内腐败犯罪的规制与惩治作出一致性及体系性的制度安排。同时，为了顺应国际反腐败潮流，加强反腐败的国际合作，维护海外投资建设公平竞争、健康有序的市场秩序，保护资本输入国及输出国的共

---

① 目前，商务部、国家发改委等主管部门对企业海外投资的监管方式主要包括：大型项目事前核准、一般项目合规性审查、外派官员抽查审计、企业信息上报、企业自主审查等方式。然而这些方式在具体实施时存在监管漏洞，无法达到有效治理腐败的作用。近些年，中国涉外企业涉嫌商业贿赂的问题由于合规意识淡薄以及监管不力等原因也频频进入公众的视野。2009 年，中国企业首次因商业贿赂行为进入世界银行的黑名单。2012 年，世界银行黑名单上的中国企业为 12 家。截至 2015 年 10 月，数量上升到 35 家企业和 3 名个人。

同利益，中国要积极推动及引领其他国家形成反腐共识，中国应联合其他投资合作国家共同制定《反腐败公约》，明确投资东道国防止权力滥用以及反腐败的监管义务，推进对商业贿赂行为的调查、起诉、追赃以及惩治等方面的国际合作，通过引渡条约及司法协助等方式，消除壁垒共同治理跨国腐败。

其二，构建海外投资腐败风险防范及评估机制。

首先，完善涉外企业的内控制度。建立符合国际标准的企业合规及内控制度，在企业项目投资与运营的不同阶段采取严密的腐败风险防控措施，增强企业腐败风险的评估、预警及处置能力。在投资决策环节，充分了解东道国的反腐败法律法规以及评估东道国政府的腐败程度，严格遵循"三重一大"事项决策机制；在招标投标环节，遵守东道国有关招投标的法律法规，加强对企业参与招投标全部过程的监控；在投资交割环节，建立符合投资东道国法律要求的财务会计制度，全面展开对东道国政治审查、法律制度的尽职调查，避免因获取项目资格向第三方评估机构进行商业贿赂；在投资运营环节，建立企业信用制度，避免同有贿赂行为的供应商或承包商进行交易。[①] 同时，加强对企业易腐败的部门及领域的重点监控，提升企业自我预防腐败的能力建设。此外，企业应注重对投资东道国商业贿赂案例的收集及研究，总结东道国反腐败调查的法律依据、重点领域及对策措施，做到精准识别东道国商业贿赂法律风险并有效地防患于未然。

其次，建立海外投资国别腐败风险评估机制，包括国别腐败风险、行业腐败风险以及重大项目腐败风险评估体系。同时，定期发布海外国别腐败风险指数，其中包括两个监测指标体系：一个是基于专家评价以及企业调查报告所构建的主观腐

---

① 陈梅：《"一带一路"背景下境外投资腐败风险的法律防范》，《理论月刊》2018 年第 11 期。

败指数,另一个是基于腐败统计数据构建的客观腐败指数。[1]创建以中方为主导的、主观与客观相统一、动态与静态相结合,具有实用性及可操作性的海外投资国别腐败风险指数。企业可以根据海外投资国家腐败指数的高低选择不同的投资模式,优先选择反腐败法规健全以及腐败指数低的国家作为投资对象,提高投资回报率和安全系数。对于腐败指数高的国家和地区采取同当地企业合资的模式,从而有效降低或规避商业贿赂法律风险,保障海外资本的安全运营。

第七节 国家安全审查风险

一 概念

国家安全审查是东道国依照本国法律,对具有潜在国家安全威胁的海外投资进行审查,对不符合标准的交易采取限制或停止交易的措施。

二 表现形式

国家安全审查目前已经成为众多国家外资法规的主要组成部分,其中美国的国家安全审查制度最为严苛,经常以国家安全为理由对海外企业投资并购本国企业实施审查和限制,成为

---

[1] 刘翔峰、苑生龙:《"一带一路"建设中的廉洁问题》,《东亚评论》2019年第1期。腐败测量体系的构建目前主要有两种路径,一种是利用主观打分或自报来构建腐败指数,另一种则是利用各种客观数据构建腐败指数。前者主要依靠专家和知情人士打分或以民意调查数据构建腐败指数;后者则依靠各类公开资料收集客观数据(如腐败案件数)来测量腐败。以被引用最广泛的透明国(Transparency International)的清廉指数(CPI)为例,该指标集中反映了世界各国企业、学者、一般民众和风险分析人员对各国腐败状况的主观感受。此外,世界上知名的腐败风险评价体系还包括经济合作与发展组织的《OECD反腐败公约》联合国《腐败风险评估指南》《ISO反贿赂体系》等相关指数。但由于这些体系由欧美国家所主导并非由中国发起,不排除存在一定的政治倾向性。

对外资并购最为有效和最具威胁的法律和政治障碍。① 美国对外资审查的主要宗旨及要求即是维护美国的国家安全，相关立法包括 1988 年《埃克森—佛罗里奥修正案》(Exon – Floria Amendment)、1922 年的《博德修正案》(Byrd Amendment) 以及 2007 年的《外国投资与国家安全法》(Foreign Investment and National Security Act)。对外资并购的国家安全审查前提是对于"国家安全"概念的界定。美国的相关立法体现出了定义的模糊性与内容宽泛性的特点。美国《埃克森—佛罗里奥修正案》中并未对"国家安全"进行定义，仅列出考量海外并购对国家安全影响的五条标准：② (1) 国内产品为国防要求所需。(2) 国内产业满足国防需要的能力。(3) 外国人对国内产业和商业活动的控制影响美国满足国防需要的能力。(4) 将军工产品、设备、技术销售给敏感国家对国家安全的潜在影响。(5) 拟议中或进行中的交易对美国关系国家安全的国际技术领导角色的影响。由于没有明确的"国家安全"概念，使得美国政府在进行安全审查过程中享有极大的自由裁量权。1922 年的《伯德修正案》也未对"国家安全"作出明确定义。而 1988 年的《埃克森—佛罗里奥修正案》指出如果并购方为外国政府或代表外国政府行事，并且并购导致在美国境内从事可能影响国家安全的美国公司为外国人控制，则美国外国投资委员会（The Committee on Foreign Investment in the United States，CFIUS）必须进行调查。③ 美国外国投资与国家安全法出台后，同样未对"国家安全"进行单独界定。④

---

① 张瑾：《"一带一路"投资保护的国际法研究》，社会科学文献出版社 2017 年版，第 21 页。
② 梁咏：《中国投资者海外投资法律保障与风险防范》，法律出版社 2010 年版，第 27 页。
③ 梁咏：《中国投资者海外投资法律保障与风险防范》，法律出版社 2010 年版，第 27 页。
④ 梁咏：《中国投资者海外投资法律保障与风险防范》，法律出版社 2010 年版，第 27 页。

由于"国家安全"概念的模糊性，使得美国对涉及安全敏感性高的海外投资时增加了安全审查的弹性。在此种情况下，美国政府可以根据本国的需要及偏好调整安全审查的内容及标准，对有利于本国国际竞争的并购行为不加以干预，而对敏感性案件，尤其是高科技、能源领域的海外投资会受到极大掣肘。如中海油并购优尼科的审查则十分严苛。这一威胁国家安全的借口将成为一个非市场壁垒，甚至将成为又一贸易保护措施。[1]

三　典型案例

2005年6月23日，中海油以竞价185亿美元拟收购美国第九大石油企业优尼科公司，这将是中国企业涉及金额最大的一笔海外并购。美国财政部长斯诺表示，如果中海油成功收购优尼科，美国政府将从国家安全考虑对这一并购案进行审查。同时，部分美国国会议员也以国家安全为由，反对国家政府将能源资产出售给中国。2005年6月30日，美国的众议院通过财政拨款修正案，禁止财政部将拨款用于审查中海油对优尼科的并购案，并指出能源为美国国家安全利益的战略资产，该交易将使得中海油获取优尼科敏感技术并可能用于军事及商业用途。同年7月30日，美国参议院及众议院通过了能源法案新增条款，要求政府在120天以内对中国的能源状况进行研究，在研究报告完成21天后方可批准中海油对优尼科的收购，而依照本次收购活动的时间节点来看，中海油最终竞购成功的可能性可以说被基本排除。2005年8月2日，中海油正式宣布撤回对优尼科的收购要约，此收购案最终无疾而终。

---

[1]《美欧贸易保护主义日益激烈，中企海外并购骤降七成》，http://finance.ifeng.com/news/hqcj/20121011/7131877.shtml，2020年11月20日。

四　相关措施

第一，要充分了解东道国的法律政策，规避投资的敏感行业。研究东道国的法律政策是海外并购的必要环节，包括有关法律规范、立法过程、法律环境以及实施情况等相关因素应综合加以分析以做出正确判断。同时，海外并购企业需要建立专业的法律团队对所有相关的法律要求进行深度调查，法律尽职调查的范围包括：（1）对目标企业、项目权益以及资产质量和所有权进行综合性、系统性的确认。（2）与政府监管机构沟通以了解交易审批事项的完整范围、性质和形式及项目和资产的许可和登记制度。并且，由于各国的国家安全标准具有模糊性、概括性以及原则性的特点，对东道国政治、历史和文化的了解也是极其必要的。例如，美国作为世界第一政治和军事大国，政治风险远远高于其他国家。英国、法国、德国等西方国家由于第二次世界大战后的国际政治地位明显下降，从而重点关注经济发展，对外国投资的政治考量相对较少。法国由于一向拥有贸易保护的传统，在适用国家安全标准时则严格一些。

此外，为减少国家安全因素对中国海外并购的负面影响，投资企业应对东道国的敏感领域及行业有充分认识。由于西方国家都不同程度地规定了限制外资进入的领域，投资企业应当有意识地回避这类企业，或进行必要安排以避开国家安全审查的不确定行业。

第二，淡化企业身份怀疑，实现投资的战略性及多元化。中国国有企业的特殊身份是外国国家安全审查风险发生的重要原因。例如，CFIUS可谓是中国企业赴美并购的"拦路虎"。[①] 据CFIUS发布的报告显示，2012—2014年，中国已连续三年

---

① 梁咏：《中国海外能源投资法律保障与风险防范》，法律出版社2017年版，第53页。

成为 CFIUS 审查最多的国家。而 CFIUS 在进行国家安全审查时则特别关注外国并购者的投资是否独立于外国政府；该外国并购者的治理结构是否完善到可以保障其独立性。此外，2016年美国国会下属的美中经济与安全审议委员会（USCC）所发布的报告中指出，中国政府近些年来加强对国有企业的控制，将国有企业作为追求社会、产业及外国政策目标的工具并建议国会授权 CFIUS 禁止中国国有企业获得本国企业的控制权，从而避免中国国有企业通过并购的途径获取美国的技术、情报和市场，从而影响美国的国家安全。① 因此，在此种背景下，为了降低外国对中国国有企业身份的质疑而进行国家安全审查风险，中国的国有企业进行海外投资时可以在并购主体及并购形式上实施战略性及多元化策略，从而最终实现并购成功的目的。首先，在并购主体方面，国有企业应淡化国有身份，转变直接出面收购的方法，可采取与东道国政府或企业共同并购投资、共同承担风险。② 东道国会因为自身的投资利益而减少对此类活动的干预。其次，在并购形式方面，可视情况采取直接并购、收购股份制企业或合资企业等形式，或第三方迂回投资的方式以降低国家安全审查的风险。同时，应注重同东道国政府的沟通技巧，提高宣传与游说的策略性，理性处理同所在政府的关系，最终实现成功收购的目的。③

---

① 梁咏：《中国海外能源投资法律保障与风险防范》，法律出版社 2017 年版，第 52 页。
② 刘向东：《中铝并购力拓案件的反思》，《中国中小企业》2010 年第 2 期。
③ 《案例分析：中海油收购尼克森》，http://www.cggthinktank.com/2014 - 03 - 10/100071377.html，2021 年 3 月 11 日。

第 三 章

中国海外投资法律保障之双边投资协定

目前，国际投资规则尚处于碎片化的状况，海外投资国家的政治、经济、法律、社会、宗教、传统与文化背景等迥异。面对如此差异，投资者通过个人力量难以实现跨国投资必要的保护与救济。因此，资本输入国与资本输出国间依靠缔结国际投资条约通过国家层面来保护海外投资则尤为重要。[1] 双边投资协定（Bilateral Investment Treaty，BIT）及自由贸易协定（Free Trade Agreement，FTA）[2] 是以条约的形式将权利义务明确化、经济秩序有序化，从而有效防范东道国通过滥用主权等方式侵犯中国投资者的即期与长期利益，并确保国家之间建立长期性、稳定性、有效性及可预期性的经贸合作关系。因此，中国应继续推进同海外投资国家之间双边投资协定和自由贸易协定的缔结与完善，为海外投资建设提供良好的制度支持，优化海外投资建设的营商环境，切实保障中国企业"走出去"主体的权益。

---

[1] 陈文：《"一带一路"下中国企业走出的法律保障》，法律出版社2015年版，第245页。

[2] BIT与FTA的制定应遵循"公平正义原则"与"平衡原则"，中国应兼顾"投资者母国"与"投资东道国"双重身份，保障中国海外投资的现实需求并实现BIT、FTA同国内法的有效衔接与互动。

第一节　概论

一　BIT 的概念及其作用

双边投资条约是指两国所缔结的为促进、鼓励和保护国际投资而确定缔约各方相互间权利与义务的协定。[1] 目前，双边投资条约是国际社会调整和规范国际投资活动的主要手段，构成了当前国际投资法律框架最核心的支柱。双边投资条约主要是由两个主权国家依据条约信守原则（the doctrine pacta sunt servanda）通过签订协定的形式让渡一部分主权并对其主权进行限制。[2] 从长远来看，BIT 对于东道国国内法律缺乏公平、公正和效率的情形下可谓提供了重要的补充性法律保护和救济，是投资者对外投资的重要驱动力。[3] 随着海外投资的不断推进，只有通过明确、清晰的条约方可保障国际经济秩序的有序化、权利义务的明确化，从而保障海外投资利益的安全，促进全球治理以及区域内经贸规则建设。[4] 中国应积极推动构建人类命运共同体，通过规则和制度体现"开放、包容、普惠、平衡、共赢"的发展理念，运用不断升级的国际法规则提升对国际投资利益的保护，有效应对国际投资的法律风险。[5] 截至 2015 年年底，全球范围内总共缔结了 3304 项国际投资协定，包括 2946 项双边投资协定和 348 项其他国际条约（包括

---

[1] 陈安：《国际投资法的新发展与中国双边投资条约的新实践》，复旦大学出版社 2007 年版，第 1 页。

[2] D. W. Greig ed., *International Law*, Butter Worths, 1976, p. 458.

[3] Uche Ewelukwa Ofodile, "African-China Bilateral Investment Treaties: A Critique", *Michigan Journal of International Law*, Vol. 35, 2013 – 2014. p. 197.

[4] 石佑启、韩永红、向明华、王燕、杨嵩棱：《"一带一路"法律保障机制研究》，人民出版社 2016 年版，第 45 页。

[5] 王军杰：《"一带一路"沿线投资风险法律应对研究》，法律出版社 2019 年版，第 1 页。

含投资章节的区域性协定、自由贸易协定和经济伙伴关系协定)。①

双边投资协定主要分为三类。第一类是以美国为主导的友好通商航海条约(Treaty of Friendship, Commerce and Navigation, FCN)。美国与法国于1778年签署了世界上第一项友好通商条约,旨在保护美国的海外投资。FCN涉及财产保护的各方面内容,被视为双边投资条约(BIT)现代版本的雏形。②第二类是20世纪80年代以前美国同发展中国家签署的双边投资保证协定,该保证协定主要规范代位求偿权的问题,其规定投资者若在母国进行投保,当海外投资在东道国因政治风险遭到损失后,投资者母国进行赔偿后,投资者母国政府可以根据协定向东道国政府实施代位求偿权,提出赔偿要求。第三类是德国等欧洲国家所主导的资本输出国同发展中国家所签订的BIT,即狭义的BIT。1959年,德国同巴基斯坦签署的BIT被认为是第一个现代意义上的BIT。20世纪80年代后,美国也开始颁布其BIT,相较于德国等欧洲国家所主导的BIT,美国所主导的BIT在投资保护标准上更高,内容也更为具体。③

二 BIT的发展及面临的挑战

双边投资条约的产生应追溯至第二次世界大战以后。第二次世界大战结束后,各国政治环境趋于稳定,全球经济逐渐复

---

① UNCTAD, *World Investment Report 2016*, United Nations, 2016, p. 101.
② 梁咏:《中国海外能源投资法律保障与风险防范》,法律出版社2017年版,第83页。
③ 梁咏:《中国海外能源投资法律保障与风险防范》,法律出版社2017年版,第83页。有学者将"美式BIT"即"Investment Guarantee Agreement"和"欧式BIT"即"Agreement for Promotion and Protection of Investment"分别划分为"设立权利型"(Right of Establishment Model) 和 "准入条款型"(Admission Clause Model)。1982年1月11日,美国贸易代表办公室公布了双边投资条约的样本,随后对该样本进行了完善从而形成美式BIT。美式BIT同欧式BIT和FCN相较而言,美式BIT从实体和程序两个方面对投资者的权利提供了充分的保障,是双边层面对投资者权利保障的最高体现。

苏，海外投资进入快速发展阶段。然而这种快速发展的势头在20世纪50年代受到严重的削弱，由于当时许多发展中国家为恢复和维护本国经济对外国投资进行了大规模的征收行为，使得外国投资者蒙受重大损失，从而逐渐丧失对外投资的动力。[1] 基于国内法在解决东道国与外国投资者之间投资争端的局限性，为促进和鼓励外国投资者进行海外投资，有效协调投资输入国同投资输出国的经济利益关系，确保投资者的投资安全与利益，国际社会意识到有必要以国际法的书面协定形式来规范东道国政府与外国投资者的投资行为，从而促成了国家间双边投资协定的产生。[2] 20世纪60年代初，德国率先将用来调整国家间投资行为与关系的国际法规范，从起初的"友好通商航海条约"中脱离出来，并将其具体化从而形成双边投资条约，由于双边投资条约在调整跨国投资行为方面具有极强的可操作性，之后许多国家纷纷效仿并签订了双边投资条约，从而加速了双边投资协定的发展。[3]

20世纪90年代以来，双边投资条约的数量急剧增加，仅2015年就缔结了70个双边投资条约，使得双边投资条约总数达到2495个。[4] 双边投资条约主要是由发达国家同发展中国家之间订立的，作为发达国家的代表，美国虽然不是缔结双边投资条约最多的国家，但其缔结的双边投资条约对国际投资法与国际投资条约影响最大。[5] 美国双边投资条约虽然起步较晚，但起初就一直秉承着高标准的投资保护和投资自由化来确

---

[1] 李英、罗维昱：《中国对外能源投资争议解决研究》，知识产权出版社2016年版，第35页。

[2] 李英、罗维昱：《中国对外能源投资争议解决研究》，知识产权出版社2016年版，第35页。

[3] 李英、罗维昱：《中国对外能源投资争议解决研究》，知识产权出版社2016年版，第35页。

[4] UNCTAD, *World Investment Report 2016*, United Nations, 2006, p.26.

[5] 陈安：《国际投资法的新发展与中国双边投资条约的新实践》，复旦大学出版社2007年版，第11—12页。

立双边投资条约。随后，美国将其高标准的双边投资条约范本内容移植到《北美自由贸易协定》（NAFTA）中，并将NAFTA中的投资制度作为经济合作与发展组织（OECD）负责起草的多边投资协定（MAI）的蓝本。① 而该时期总体上来看，无论是发达国家还是发展中国家的双边投资条约范本，抑或是缔结的双边投资条约都深受NAFTA和MAI（草案）的影响。②

近些年来，在发达国家的推动下，双边投资条约在内容上相较于前期表现出以下新动向：③

（1）投资自由化的强化

从历史角度出发，双边投资条约主要表现为投资保护协定、投资保证协定、友好通商航海条约，其主要起到投资促进及保护作用，基本不涉及投资自由化的问题。然而晚近缔结的双边投资条约则兼顾了投资自由化的作用，从而进入到投资自由化的时代。其投资自由化的特征具体表现在：第一，投资与投资者的含义被扩大化，从而使得更多的投资和投资者纳入双边投资条约的保护机制。第二，最惠国待遇及国民待遇从运营阶段拓展至准入阶段，从而促使外资更加方便进入东道国。第三，禁止东道国政府对外资施加业绩的要求范围逐渐扩大，使得外资所受限制逐步减小，从而促进投资的自由化。④

---

① 陈安：《国际投资法的新发展与中国双边投资条约的新实践》，复旦大学出版社2007年版，第12页。
② 陈安：《国际投资法的新发展与中国双边投资条约的新实践》，复旦大学出版社2007年版，第12页。
③ 陈安：《国际投资法的新发展与中国双边投资条约的新实践》，复旦大学出版社2007年版，第19—27页。
④ 20世纪80年代以来，包括美国在内的发达国家认为业绩要求成为国际投资自由化最重要的阻碍因素，因而在缔结的双边投资条约中主张取消业绩条款的要求。例如，美国1994年BIT范本中第6条禁止东道国进行业绩要求包括出口要求、进口限制要求、当地销售限制、当地成分要求、东道国研发要求以及技术转让要求。参见陈安《国际投资法的新发展与中国双边投资条约的新实践》，复旦大学出版社2007年版，第20页。

（2）投资规则的法典化与综合化

首先，从条约结构来看，当代国际投资条约一般分为定义、实体规则及程序规则三大部分，而早期的双边投资条约只包含几个条款，尚未划分不同的部分，并且不同条款间也没有标题。

其次，从条约内容来看，当代国际投资条约包含的实体性规范和程序性规范均大幅增加，内容更为翔实。其中，实体性规范包括投资自由化和投资保护规则，而程序性规则则包括国家间的争端解决机制以及东道国和投资者间的争端解决机制。

最后，从条约议题来看，当代国际投资条约包含了除传统投资保护与促进外有关投资与劳工、环境、健康与安全等社会问题。

（3）投资规则的复杂化与具体化

第一，定义内容增多。例如，1984年的美国BIT仅对5项术语进行定义，而1994年的BIT范本的定义术语增加到10项，2004年版本则增至33项。

第二，将投资与投资者待遇分别予以规定，1984年和1994年BIT范本仅用一个条款对"投资"的待遇予以规定，对"投资者"的待遇尚未规定。

第三，有关征收、公平与公正待遇等规则的规定更为具体和详细。1994年美国BIT范本对相关规定较为笼统与模糊，仅用一句话予以规定。而2004年美国和加拿大BIT范本则对征收和公平公正待遇规则等都作出了更加详尽的解释。

第四，除条约正文以外，附件、脚注以及例外规定明显增加，并构成协定的有效组成部分。例如加拿大BIT范本AnnexB.13（1）是有关间接征收的解释，AnnexC.26是有关东道国与投资者争端解决中的同意问题。

第五，有关投资者与东道国争端解决机制，缔约国间的争端解决机制的规定十分详尽。例如，1982年美国同巴拿马的BIT虽然规定了缔约国间的争端解决机制，但未对投资者与东道国间的争端解决机制作出明确规定，而2004年BIT范本总共分为三部分,其中两部分内容都属于程序性规则。

(4) 对投资者及投资保护的加强化

第一,投资与投资者的定义扩大,从而强化了外国投资者及投资的保护。

第二,东道国对外资的待遇呈现增强趋势,使得外资获得更有力的保护。以往尤其是发展中国家在国际投资条约中规定了外资的最惠国待遇,但近年来受发达国家的影响,同时给予了外资国民待遇。

第三,中央政府或联邦政府以及地方政府均对外资给予最惠国待遇和国民待遇以使外资获得更多层面的保护。

第四,国际投资条约同样适用于条约生效前的条约即"既存投资"(existinginvestment),从而扩大了外资受保护的范围。

第五,为投资者提供更加多样性的争端解决方法。传统的国际投资条约从未规定过有关投资者与东道国的争端解决方法。近些年来,几乎所有的双边投资条约都对其作出了极其详尽的规定,解决途径包括国际投资争端解决中心、联合国国际贸易法委员会或依仲裁规则设立的专设仲裁庭。

(5) 注重平衡东道国的国家利益与投资者的个人利益

第一,完善有关公平与公正待遇相关的规定。

第二,建立并完善国际投资条约的实施机制,从而加强条约的执行并保护东道国的利益。第三,创设"评议期间"及"仲裁上诉"制度,使东道国在投资者诉东道国案件中掌控主动权。

"一带一路"沿线国家的双边投资条约活动历史悠久且十分活跃,世界上第一个双边投资条约即由德国同巴基斯坦于1958年所签订的双边投资条约,是由发达国家同"一带一路"国家所联合签署的。[①] 截至 2017 年 12 月 1 日,"一带一路"

[①] M. Sornarajah ed., *The International Law on Foreign Investment*, Cambridge: Cambridge University Press, 2010, p. 172.

沿线国对外签订的双边投资条约达806件,已生效的达638件。① 其中,中国、俄罗斯和印度还是对外缔结双边投资条约最积极并且批准双边投资条约最多的国家。"一带一路"沿线国家基本上已经全部接受了双边投资条约机制,其中中国、俄罗斯和印度还是全球签署双边投资条约最为活跃的国家之一。② 中国(同瑞典于1982年所签订的第一个双边投资条约),和苏联(同芬兰于1989年所签订的第一个双边投资条约)是除1958年德国同巴基斯坦所签署的投资条约外,"一带一路"沿线国中签署双边投资条约较早的国家。其中,1993—2002年是"一带一路"沿线国签署双边投资条约最为活跃的时期,共签署471件,此后签约总数趋于放缓并呈现下滑趋势。③

三 中国与双边投资条约

（一）中国BIT订立情况

中国签订双边投资条约始于20世纪80年代。1982年3月29日,中国同瑞典签署了第一个双边投资保护协定。至今,中国已先后同130多个国家和地区包括"一带一路"沿线国家见表3—1签署了双边投资协定,涵盖了亚洲、欧洲、美洲和非洲的大部分国家和地区,为海外投资项目的顺利实施提供了重要的法律保障。但由于有些国家政治动荡和经济落后等原因,中国尚未同伊拉克、波黑、黑山、巴勒斯坦、文莱、东帝汶、阿富汗、约旦、文莱、尼泊尔、马尔代夫、不丹等国签订双边投资条约,而中国更需要同这些国家尽快签订双边投资条

---

① 单文华:《"丝绸之路经济带"贸易投资便利化法律框架研究》,法律出版社2018年版,第246页。
② 单文华:《"丝绸之路经济带"贸易投资便利化法律框架研究》,法律出版社2018年版,第246页。
③ 单文华:《"丝绸之路经济带"贸易投资便利化法律框架研究》,法律出版社2018年版,第247页。

约以保障投资的安全。

表3—1　　　中国同"一带一路"沿线国家
签订双边投资协定一览

序号	国家	签署日期	生效日期
1	蒙古国	1991年8月25日	1993年11月1日
2	俄罗斯	2006年11月9日	2009年5月1日
3	哈萨克斯坦	1992年8月10日	1994年8月13日
4	吉尔吉斯斯坦	1992年5月14日	1995年9月8日
5	塔吉克斯坦	1993年3月9日	1994年1月20日
6	土库曼斯坦	1992年11月21日	1994年6月6日
7	乌兹别克斯坦	1992年3月13日	1994年4月12日
8	乌克兰	1992年10月31日	1993年5月29日
9	白俄罗斯	1993年1月11日	1995年1月14日
10	阿尔巴尼亚	1993年2月13日	1995年9月1日
11	克罗地亚	1993年6月7日	1994年7月1日
12	爱沙尼亚	1993年9月2日	1994年6月1日
13	立陶宛	1993年11月8日	1994年6月1日
14	摩尔多瓦	1992年11月6日	1995年3月1日
15	罗马尼亚	1994年7月12日	1995年9月1日
16	斯洛文尼亚	1993年9月13日	1995年1月1日
17	南斯拉夫/塞尔维亚	1995年12月18日	1996年9月12日
18	波兰	1988年6月7日	1989年1月8日
19	马其顿	1997年6月9日	1997年11月1日
20	保加利亚	1989年6月27日	1994年8月21日
21	匈牙利	1991年5月29日	1993年4月1日
22	捷克	1991年12月4日	1992年12月1日
23	斯洛伐克	2005年12月7日	2007年5月25日
24	印度	2006年11月21日	2007年8月1日
25	巴基斯坦	1989年2月12日	1990年9月30日
26	斯里兰卡	1986年3月13日	1987年3月25日
27	黎巴嫩	1996年6月13日	1997年7月10日
28	阿联酋	1993年7月1日	1994年9月28日

续表

序号	国家	签署日期	生效日期
29	阿曼	1995年3月18日	1995年8月1日
30	沙特阿拉伯	1996年2月29日	1997年5月1日
31	科威特	1985年11月23日	1986年12月24日
32	叙利亚	1996年12月9日	2001年11月1日
33	也门	1998年2月16日	2002年4月10日
34	巴林	1999年6月17日	2000年4月27日
35	卡塔尔	1999年4月9日	2000年4月1日
36	伊朗	2000年6月22日	2005年7月1日
37	土耳其	1990年11月13日	1994年8月19日
38	亚美尼亚	1992年7月4日	1995年3月18日
39	格鲁吉亚	1993年6月3日	1995年3月1日
40	埃及	1994年4月21日	1996年4月1日
41	阿塞拜疆	1994年3月8日	1995年4月1日
42	以色列	1995年4月10日	2009年1月13日
43	新加坡	1985年11月21日	1986年2月7日
44	马来西亚	1988年11月21日	1990年3月31日
45	印度尼西亚	1994年11月18日	1995年4月1日
46	泰国	1985年3月12日	1985年12月13日
47	菲律宾	1992年7月20日	1995年9月8日
48	越南	1992年12月2日	1993年9月1日
49	老挝	1993年1月31日	1993年6月1日
50	柬埔寨	1996年7月19日	2000年2月1日

自1982年以来，中国的双边投资条约已走过了将近40年的历程。按照协定的内容，大致可将中国的BIT划分为保守模式、自由模式和平衡模式三个发展阶段。

1. 中国双边投资条约的保守模式阶段（1982—1998年）

20世纪80年代至90年代末，由于中国尚处于改革开放初期，以吸引外资为主，并强调对国家经济主权的维护。此外，中国政府当时在对外投资和立法保护方面表现出较为排斥的态度，其原因主要在于中国在近代以来从外国殖民统治中获得了独立，因而会担心帝国主义和强权政治利用国际投资对中国进行变相的侵略和压迫，并且对海外投资的否定态度也符合当时发展中国家努力建立国际经济新秩序的浪潮。① 当时主要强调国家主权对外资进入的管控，并进行了相配套的国内外资立法（颁布了外资企业法、中外合作经营企业法和中外合资经营企业法），并积极签署双边投资条约，为海外投资提供了国际层面的法律保护。

由于该阶段中国既希望能够对外招商引资活跃国内市场，但又不愿中国经济过多被外国资本所侵占，因此虽然这一时期中国对外签署了大量的双边投资条约，但在签订过程中整体仍持保守与谨慎的态度。② 该时期的双边投资条约主要遵循第二次世界大战后所确立的 BIT 模式，主要包括投资的定义、待遇、代位权、征收条件及补偿、支付转移以及争端解决程序，对于国际仲裁以及国民待遇等方面立场较为保守。该阶段的双边投资条约对争端提交国际仲裁的方式尤为审慎，中国在对外签署的双边投资协定中一般采用双方指定的特别仲裁庭，例如中国同芬兰于 1984 年签订的双边投资条约第 9 条规定，双方在 6 个月内未通过外交途径解决的争端应在任一缔约国要求下交由逐案设立的仲裁庭，对于仲裁的具体事项通常限定于解决征收及国有化的补偿额纠纷，例如 1985 年中国同新加坡以及中国同丹麦签署的双边投资条约，1988 年中国同新加坡签署的双边投资条约，从而沿袭了中国避免诉讼的传统并标志着中

---

① Axel Berger, *China's New Bilateral Investment Treaty Programme: Substance, Rational and Implications for International Investment Law Making*, German Development Institute, 2010.

② 李英、罗维昱：《中国对外能源投资争议解决研究》，知识产权出版社 2016 年版，第 188 页。

国作为资本输入国的保守态度。①

此外，针对外国投资者的待遇标准方面，在此阶段中国对外签订的双边投资条约大多只规定了最惠国待遇，并未规定国民待遇，例如1984年中国同芬兰以及中国同法国签署的双边投资协定等均未设立国民待遇条款。即便1986年中国同英国签订的双边投资条约中规定了国民待遇，但附加了诸多的限制条件。其第3条第3款规定："除本条第1款、第2款的规定以外，任何缔约一方应当尽量根据其法律和法规的规定给予缔约另一方的国民或公司的投资与给予本国国民或公司以相同的待遇。"可见，早期的中国双边投资条约属于保守模式类型。

2. 中国双边投资条约的自由模式阶段（1998—2007年）

自1998年，为更好鼓励对外投资，中国改变了早期双边投资条约的谨慎和保守态度，从而转向自由的发展模式。而这项显著的变化则被视为中国从传统的资本输入国向资本输出国转变的重要标志。② 1998年，中国同巴巴多斯签署的双边投资条约是中国BIT模式转型的开始，将之前仅限于"有关征收补偿款额的争端"规定为"任何争端"或"有关于投资的任何争端"。例如该条约第10条规定"投资者有权将与本协议有关的所有争端交由国际仲裁"，"若争议在6个月内不能协商解决，投资者有权将争议交由投资争端国际解决中心ICSID或联合国国际贸易法委员会UNCITRAL仲裁庭进行国际仲裁"。③ 相较于之前对国际仲裁持保守态度，这是双边投资条约中对争端解决机制的开创性规定。

此外，此阶段中国对外签署的双边投资条约还增加了国民

---

① 李英、罗维昱：《中国对外能源投资争议解决研究》，知识产权出版社2016年版，第188—189页。

② 李英、罗维昱：《中国对外能源投资争议解决研究》，知识产权出版社2016年版，第189页。

③ 《中华人民共和国政府和巴巴多斯政府关于鼓励和相互保护投资协定》第九条第二款。

待遇条款，例如2003年中国同德国签订的双边投资条约和2007年中国同法国签订的双边投资条约均扩大了国民待遇的适用范围，并且取消了之前如"尽量依据各缔约方的法律法规"的限制性条件。

中国之所以在国际投资政策上发生重大改变，给予投资者更加全面的实体性和程序性的保护是由于中国的经济形势发生根本性变化，已从纯粹的资本输入国转变为积极参与海外投资的资本输出国，中国逐渐意识到双边投资条约对投资保护的重要意义，并且在新自由主义浪潮的影响下顺应国际历史潮流而采取了更加自由与开放的态度。

3. 中国双边投资条约的平衡模式阶段（2008年至今）

虽然中国的双边投资条约从保守模式向自由模式转变在一定程度上促进了中国的投资环境，同时为中国海外投资的保护提供了法律保障，但其负面作用也不容小觑，比如这种自由化的争端解决条款赋予了投资者任意起诉权从而使东道国面临被诉风险。近几年，东道国因投资者依据双边投资条约规定全面接受ICSID管辖的争端解决条款而被诉的案件屡屡发生，截至2006年，ICSID 103个尚未裁决的案件中，阿根廷被起诉的案件达37起。鉴于双边投资条约自由模式的弊端，中国在双边投资条约实体和程序性规定予以改革从而寻求东道国与投资者之间的利益平衡。

因此，中国在2008年以来签订的双边投资条约在投资与投资者定义、公平与公正待遇标准、间接征收、例外条款及争端解决方式上作出了新的调整：① 其一，投资与投资者定义趋于明确和全面，既扩大了受保护的投资范围，又增加了对东道国利益的考量，从而实现两方面利益的有效平衡。其二，公平与平等待遇的明确化，从而有利于东道国以及投资者权益的保

---

① 银红武：《中国双边投资条约的演进——以国际投资法趋同化为背景》，中国政法大学出版社2017年版，第91—96页。

护。其三，间接征收的明确界定。例如2011年中国同乌兹别克斯坦的双边投资条约第6条与2012年中国同加拿大签订的双边投资条约第10条。其四，例外条款的增设。例如2012年中国同加拿大缔约的双边投资协定中为实现东道国权力与投资者保护的平衡设置了传统公共利益例外、重大安全例外、金融审慎例外、货币及相关信贷政策、汇率政策例外、信息披露例外和文化产业例外等。其五，东道国与投资者间争端解决条款的限制，具体包括明确最惠国待遇不适用于争端解决程序，对于可仲裁事项的范围作出了明确规定，为提起东道国与投资者间的投资争端仲裁设置了前提条件，形成了更为完善的仲裁程序机制以及设置了金融审慎措施和税收争端解决的例外。

总之，为适应国内外形势的发展，以2012年中国同加拿大缔结的双边投资条约为代表，中国的双边投资条约走向更为成熟的平衡发展模式。

四 中国BIT面临的挑战

虽然中国是全球范围内签署双边投资协定最多的国家之一，但中国的双边投资协定仍然具有局限性，面临巨大的挑战：[①] 首先，应加强保护海外投资利益的需求。中国对外签署的双边投资协定主要将自身定位于资本输入国，更多关注并强调东道国的利益，而海外投资的顺利实施还应该从投资者权益保护角度出发。因此，新签署的双边投资协定在关注东道国利益的同时还应注重海外投资者的利益，明确其投资待遇和权利。其次，应有效应对投资协定碎片化和多元化的问题。中国应考虑如何在大量的投资和贸易协定前将投资政策与其他政策相协调，兼顾同时作为资本输出国与资本输入国的不同影响以及实现贸易自由化的目的。再次，化解双边投资协定潜在风险

---

① 张瑾：《"一带一路"投资保护的国际法研究》，社会科学文献出版社2017年版，第108—111页。

的诉求。20世纪90年代以来，随着国际投资活动的大幅增多，东道国同投资者间的争端日益增多，并且仲裁的复杂性与不确定性也日益凸显。因此，对于双边投资协定的设计，应兼顾东道国与投资者利益的平衡，既要完善双边投资协定的实体规则，也要建立完善的争端解决机制。最后，应注重吸收国际投资法的新理念。当今，劳工权利、环境保护、知识产权保护、间接征收、国家安全、透明度原则等都已成为国际投资法的新发展。因此，中国在海外投资的过程中，既要注重推动东道国的经济发展，还应尊重东道国的国家人权、环境等公共政策，并在双边投资协定当中体现这一理念。

第二节 定义

"投资"和"投资者"的定义阐述了参与国际投资的主体范围和受法律保护的投资形式，是明确特定投资或投资者被赋予国际投资法实体权利义务的先决条件，同时在海外投资担保方面确定相关投资能否获得投资担保以及在华盛顿公约背景下可否诉诸 ICSID 仲裁具有重要意义。[①]

一 国际投资条约中对"投资"的定义

（一）国际投资条约中"投资"定义的类型

依据国际投资条约，可将投资定义分为以下三种类型：以资产为基础的投资定义、以企业为基础的投资定义和以交易为基础的投资定义。

以资产为基础的投资定义。以资产为基础的投资指缔约各国按照法律或法规所接受或允许的任何种类的资产，其中既包括金融资产和资本，也包括有创造生产能力的有形资产和无形资产；既包括股权投资和债券投资，又包括投资者投入东道国

[①] 漆彤：《中国海外投资法律指南》，法律出版社2019年版，第51—52页。

的资产和从东道国获得的资产等。① 无论是美式双边投资条约还是欧式的双边投资条约，目前大都采用以资产为基础的投资定义。以资产为基础的投资定义有利于投资保护目标的实现，从资本输出国角度来看，可以为本国的各种资产提供保护；从资本输入国的角度来看，可以有效改善本国的投资环境，从而吸引更多外国资本进入本国市场。② 以 2006 年中国同巴基斯坦签署的双边投资协定为例说明以资产为基础的投资定义。其中第 46.1 条规定："投资指一方缔约国的投资者依据法律法规在另一方缔约国境内投入的任何种类的资产，其中包括：（1）动产和不动产及其他财产权利；（2）股票、股份、公司债券和任何其他形式的公司参股；（3）金钱或其他与投资相关的诉求；（4）知识产权权利；（5）由法律或法律允许由合同授予的商业特许权。"

以企业为基础的投资定义。以企业为基础的投资是指一个缔约国的实体企业为获得持续性收益，在另一个缔约国所建立的实体企业。③ 前一种企业称为直接投资者，后一种企业称为直接投资企业。部分国际投资条约和经贸协定采用以企业为基础的投资定义，相较于资产为基础的投资定义范围较小，其资产的范围仅限定于直接投资，不包括任何与投资企业无关的其他类型投资。例如 1988 年《东盟区域投资框架协定》（Framework Agreement on the ASEAN InvestmentArea）、1988 年美国同加拿大缔结的自由贸易协定和 1992 年丹麦和波兰缔结的双边投资协定等属于以企业为基础的投资定义。以 1990 年丹麦同波兰签订的 BIT 为例说明以企业为基础的投资定义，其第 1 条第

---

① 詹晓宁、葛顺奇：《国际投资条约：投资和投资者的范围与定义》，《国际经济合作》2003 年第 1 期。

② 陈安：《国际投资法的新发展与中国双边投资条约的新实践》，复旦大学出版社 2007 年版，第 35 页。

③ 詹晓宁、葛顺奇：《国际投资条约：投资和投资者的范围与定义》，《国际经济合作》2003 年第 1 期。

1款规定:"投资指依照国内法规定的各种资产,尤其是(1)动产、不动产和包括抵押权、留置权和质权在内的其他财产权利;(2)股票、股份、债券及其他参股形式;(3)金钱请求权和具备经济价值与服务有关的其他行为请求权;(4)知识产权;(5)由法律或法律允许由合同授予的商业特许权。"其第2条则规定:"第1款中所指的投资仅限于对企业的投资,该投资在投资者与投资企业间须具有持久的经济联系,并且投资者对所投资企业具有管理方面的控制权。"

以交易为基础的投资定义。以交易为基础的投资指资本及相关资产在投资过程中的跨国界流动,该跨国界交易在对外收购或新建投资过程中进行。① 采用以交易为基础的投资定义的国际投资条约较为罕见。有关以交易为基础的投资条约一般不包含征收、公平公正待遇等实体性投资保护条款,主要注重于提供市场准入机会。

(二)国际投资条约中"投资"定义的形式

国际投资条约中"投资"定义的形式主要分为"开放式"投资定义、"封闭式"投资定义和"混合式"投资定义。

"开放式"投资定义(Illustrative List)。也称"非穷尽列举式"投资定义,即"包括但不限于"或"主要是"的定义方法。"开放式"投资定义指在国际投资条约中列举出各种构成投资的类型,并且这种列举属于非穷尽的。"开放式"投资定义属于广义的投资定义,不仅包括定义中明确列举的各类资产,同时包括符合定义但尚未列举的资产,世界上绝大多数国家的双边投资条约均采用开放式投资定义,中国缔结的对外投资条约基本上属于开放式投资定义的模式。例如,1998年中国同巴巴多斯缔结的双边投资条约第1条第1款规定:"投资指投资者根据东道国国内法律在该国投入的各种财产,主要包

---

① 陈安:《国际投资法的新发展与中国双边投资条约的新实践》,复旦大学出版社2007年版,第31页。

括但不限于以下各项：（1）动产、不动产和抵押权、质押权在内的其他财产权利；（2）股份、股票、债券和其他形式的参股；（3）金钱请求权和合同项下具有经济价值的行为请求权；（4）商誉、知识产权、专有技术和工艺流程；（5）依法或依据合同取得的特许权。"

"封闭式"投资定义（Exhaustive List）。也称"穷尽列举式"投资定义，指国际投资条约对资产类型的列举是穷尽的。"封闭式"投资定义属于狭义的投资定义，对于条约列举之外的资产类型不构成投资条约所认定的投资。由于"开放式"投资定义对资产的规定较为笼统和抽象，需要国际仲裁实践的裁决，因此美国和加拿大在继承开放式投资定义广义内容的基础之上，对投资定义的资产类型进一步细化，从而明确列举出投资定义的各类资产。[①]"封闭式"投资定义以 NAFTA 为代表，此外倾向于采用"封闭式"投资定义的国家还有加拿大和墨西哥。例如 1997 年加拿大同智利签署的自由贸易协定以及 1994 年墨西哥同玻利维亚签署的自由贸易协定等。中国仅同挪威、科威特以及澳大利亚等国签署的双边投资协定采用此种模式。

"混合式"投资定义（Hybrid List），即"包括但不限于"的定义方式，其对投资的定义是开放式的，同时对资产类型的界定又是有限的。中国同哥伦比亚以及乌兹别克斯坦签署的双边投资协定采取此种模式。"混合式"投资定义最先出现于 1998 年 OECD《多边投资协定》草案，2004 年后被美国所沿用。1994 年 NAFTA 生效后，其高度自由化的规定作为资本输入国的美国和加拿大屡屡遭受到外国投资者的挑战并对其发起国际仲裁，因此美国从东道国的角度反思投资自由化对东道国经济主权的冲击，从而采取相应的措施，并在投资定义方面将

[①] 陈安：《国际投资法的新发展与中国双边投资条约的新实践》，复旦大学出版社 2007 年版，第 39 页。

投资限定为具备投资特征的资产,并将不具备投资特征的资产排除在投资定义之外。① 以 2004 年美国 BIT 范本为例说明"混合式"投资定义。其第 1 条规定投资的定义,同时对投资定义的资产作出了限制性规定,即所有构成投资的资产必须具备投资的特征,包括资产及其他资源的转移、对利润的预期和风险的承担,将同投资无任何关联的投资完全排除在外。

(三) 中外双边投资条约中"投资"的定义及建议

中国政府所签署的双边投资条约一般采用以资产为基础的开放式的定义模式。以 2003 年中国同德国缔结的双边投资条约为例,其第 1 条规定:"投资指一方缔约国的投资者直接或间接投入另一缔约国的各种类型的资产,特别是包括并不限于:(1) 动产、不动产和如抵押权和质押权在内的其他权利;(2) 公司的股票、股份、债券及其他形式的参股;(3) 金钱请求权或其他与投资有关的经济价值的行为请求权;(4) 知识产权,尤其是专利权、商标权、著作权、商号权、商业秘密、专业技术、工艺流程和商誉;(5) 依法或依合同授予的商业特许权,包括勘探、开发自然资源的特许权。"

由于自 1998 年以来中国签署的诸多双边投资条约规定接受 ICSID 全面管辖,而广义的投资定义条款将使中国政府被诉风险大大增加。因此,建议中国对外签署的双边投资条约应将目前以资产为基础的开放式投资定义模式转向混合式定义的模式,一方面,将不具备投资特征的资产排除在定义范围之外,仅保护具有投资特征的资产。另一方面,对投资定义采用"包括但不限于"的表达方式,从而同投资活动中日渐复杂化和多样化的趋势保持一致。②

---

① 陈安:《国际投资法的新发展与中国双边投资条约的新实践》,复旦大学出版社 2007 年版,第 40 页。

② 梁咏:《中国海外能源投资法律保障与风险防范》,法律出版社 2017 年版,第 149 页。

二 国际投资条约中对"投资者"的定义

(一) 投资者范围

投资者包括自然人和法人,自然人的权利能力和行为能力一般参照本国法予以认定,法人的范围包括有法律人格的实体,其范围既包括有法律人格的实体,如独立子公司和合资企业等,也包括无法律人格的实体如分支机构等。例如中国同瑞士签订的双边投资条约第一条对投资者的规定。有关国有企业的身份问题在国际投资法上较为复杂,既取决于国内法和特定条约的相关规定,同时应该结合投资协定中其他方面的规定和条款,如安全审查等规定。[①]

(二) 投资者国籍

有关自然人国籍的界定主要依据其本国法,一般涉及时效(timing)和双重国籍(dual nationality)问题。有关法人国籍的界定更为复杂,中国对于法人的国籍界定标准采用法人成立地或法人管理中心地(或总机构所在地),一般对法人控股股东的国籍不予以考虑。[②]

第三节 公平与公正待遇

一 公平与公正待遇的概念

公平与公正待遇(Fair and Equitable Treatment,FET)为双边投资协定的传统条款,最早出现于1948年的《哈瓦那宪章》。早期该条款被视为一种带有宣告性质的原则性规定,其真正引起重视并发挥作用是在《北美自由贸易协定》(NAF-

---

[①] 漆彤:《中国海外投资法律指南》,法律出版社2019年版,第57页。
[②] 梁咏:《中国海外能源投资法律保障与风险防范》,法律出版社2017年版,第151页。

TA）在仲裁案例和司法实践中被频频使用。① 目前，在投资争端中公平与平等待遇标准堪称被援引次数最多的投资待遇标准，是外国投资者主张权利的有力武器，投资者以东道国违反该条款为由提起仲裁一般都能获得仲裁庭的成功支持。② 然而，目前无论是双边投资协定还是多边投资协定都未对公平与公正待遇的定义给予明确的解释。条约中对于公平与公正待遇抽象性解释和模糊性规定使得独立客观的第三方可以在灵活标准的基础上对具体行为予以判断，一般通过司法实践进行具体的界定。③

依据目前的国际投资条约，有关公平与公正待遇的规定可分为以下几种：一是不附加任何条件和限制的公平与公正待遇。例如2002年德国同柬埔寨签订的双边投资协定规定：每一缔约方应该在任何条件下对投资者给予公平与公正待遇。二是同最惠国待遇或国民待遇相联系。例如中国同德国签署的双边投资协定规定：缔约方给予缔约另一方投资者在其境内的投资或投资相关的活动待遇，不得低于其给予任何第三国投资者的投资及与投资有关活动的待遇；缔约方应给予缔约另一方投资者在其境内的投资及与投资有关活动不低于其给予本国投资者的投资及与投资有关活动的待遇。三是与国际法的规定相联系。例如1992年美国同捷克签署的双边投资协定规定：投资应在任何情况下被给予公平与公正待遇，应享有充分的安全与保护，并在任何情形下得到不低于国际法的待遇。四是同最低待遇标准相联系。例如美国2004年双边投资协定范本中规定：每一缔约方应根据适用的习惯国际法给予投资者包括公平、公

---

① 李英、罗维昱：《中国对外能源投资争议解决研究》，知识产权出版社2016年版，第196页。

② 银红武：《中国双边投资条约的演进——以国际投资法趋同化为背景》，中国政法大学出版社2017年版，第143页。

③ S. Vasciannie, "The Fair and Equitable Treatment Standard in International Investment Law and Practice", BYBIL, Vol. 70, 1999, pp. 99 – 145.

正待遇和充分的保护与安全的投资待遇，并将习惯国际法中给予外国人待遇的最低标准作为给予投资者的待遇标准。

二 公平与公正待遇的内涵

虽然国际投资条约并未对公平与公正待遇的概念作出统一明确的界定，但公平与公正待遇的内涵主要包括以下几大要素：

（一）正当程序（due process）原则

公平与公正待遇中的正当程序原则包括了实体意义上的正当程序和程序意义上的正当程序。其既要求司法公正，即禁止东道国拒绝司法、程序不当及判决不公，同时要求东道国对待外国投资者的行政程序公正合理。[①] 在 Metalclad 案中，仲裁庭指出由于墨西哥政府在召开会议决定拒绝给予 Metalclad 施工许可证时，未通知其参加从而剥夺了其辩解的权利，并且所有的情形表明整个过程缺少有次序的程序和及时的安排。[②] 因此，仲裁庭认为墨西哥政府存在程序缺陷，投资者未受到公平与公正待遇。

（二）透明度（transparency）要求

虽然诸多仲裁案例将透明度要求作为考量公平与公正待遇的标准，但在投资制度中是否应该将透明度作为公平与公正待遇的内容要素仍然存在广泛的争议。有关透明度影响最大的案件是 Metalclad 案，该案仲裁庭认为，透明度原则指投资者能够容易获取所有与投资目的有关的所有法律规定，若投资者对相关法律制度或规定存在误解或混淆时，该缔约方有义务迅速明确其准确立场并作出明确声明，以便投资者的行为符合法律规定，继续开展投资活动。[③] 由于墨西哥政府未能为 Metalclad 及时提供透明和可预见的机制，因此墨西哥政府违反了公平与

[①] 陈安：《国际投资法的新发展与中国双边投资条约的新实践》，复旦大学出版社2007年版，第64页。

[②] Metalclad Award, paras 91, 99.

[③] Metalclad Award, para 76.

公正待遇。

（三）尊重投资者的合理期待（legitimate expectation）

在国际投资法和仲裁实践中，起初尊重投资者的合理期待只是作为与透明度原则相关的附加解释要素，最近才开始作为公平与公正待遇标准的独立内涵。① 而合理期待是从行政法延伸至投资法领域的概念，即外国投资者期待东道国政府以前后一致的原则行事，在处理同外国投资者的关系上不会模棱两可而是完全透明，以便投资者清楚了解与投资相关的规则及制度；此外，外国投资者还期待东道国政府不会随意专断改变之前作出的决定或许可。② 在 CME 案中，仲裁庭认为，捷克传媒委员会的行为完全改变了投资所依赖的法律及商业环境从而违反了公平与公正待遇标准。③ OEPC 案中仲裁庭以东道国政府的行为不一致、不透明和不可预见，裁决其违反了公平与公正待遇标准。④

（四）善意原则

有关善意原则的概念内容较为宽泛，对于界定同样抽象的公平与公正待遇作用有限。但对待投资者明显的恶意行为是违反公平与公正待遇这一点上是毋庸置疑的。例如 WasteManagementv. Mexico 案中，仲裁庭认为："蓄意的阴谋，即在没有正当理由的情况下东道国的各政府机关有意联合以共同阻止投资协议目的实现的行为是违反公平与公正待遇的。"⑤

---

① Thomas Walde, Separate Opinion of the final award of International Thunderbird Gaming Corporation v. Mexico, para. 37.

② Tecmed v. Mexico, ICSID Case No. ARB (AF) /00/2, Award.

③ OEPC Final Award, July 1, 2004, paras. 183 – 187. CMS Award, paras. 274 – 281.

④ CME Czech Republic B. V. v. Czech Republic, Partial Award (13 September 2001), para. 611.

⑤ W. Burke-White, Andreas von Staden, *The Need for Public Law Standards of Review in Investor-State Arbitration*, *International Investment Law and Comparative Public Law*, New York: Oxford University Press, 2010, pp. 689 – 720.

第四节 征收与补偿

一 征收或国有化的概念

征收（expropriation）或国有化（nationalization）是指国家基于公共利益的需要对私人企业进行全部或部分的资产征用并收归国家所有。典型的征收和国有化指东道国政府以颁布有关法令等方式将外国投资企业的全部或部分资产收归国有。[①] 1952 年的国际法学会将国有化定义为：通过立法行为和为了公共利益，将某种财产或私有权利转移给国家，目的在于由国家利用或控制它们，或由国家将其用于新的目的。[②] 征收和国有化两者在构成、性质和赔偿标准等基本一致，主要区别在于针对的是特定对象还是整个行业的征用。有些学者将两者作出进一步的细分，将小规模取得称为"征收"，将大规模取得称为"国有化"。[③]

二 征收的要素

虽然国际社会对于东道国政府在主权范围内对外国投资进行征收或国有化予以肯定，[④] 但是，东道国应该避免滥用征收或国有化以侵犯投资者的权利，从而构成非法征收或国有化。目前，被世界各国认可的合法征收主要包括以下四大要素。

[①] 陈安：《国际投资法的新发展与中国双边投资条约的新实践》，复旦大学出版社 2007 年版，第 72 页。

[②] Martin Domke, "Foreign Nationalization: Some Aspects of Contemporary International Law", *American International Law*, Vol. 55, 1961, p. 3.

[③] Ignaz Seidl Hogenveldern ed., *International Economic Law*, New York: Martinus Nijhoff Publishers, 1992, pp. 138 – 139.

[④] 例如 1952 年联合国第 626 号决议、1962 年联合国大会《关于天然资源之永久主权宣言》（第 1803 号决议）、1974 年《关于自然资源之永久主权决议》（第 3171 号决议）、1974 年《建立新的国际经济秩序宣言》（第 3201 号决议）和 1974 年《国家经济权利和义务宪章》（第 3281 号决议）等法律文件都对国家享有征收或国有化的权利表示肯定。

（一）公共利益

1922年的常设仲裁法院在挪威求偿案中明确地指出，东道国政府行使征收权须以"公共目的"或"普遍福利"为目的。

（二）非歧视待遇

东道国政府所采取的征收或国有化举措不应建立在歧视的基础之上。虽然在国际投资法领域最惠国待遇并非重要的待遇原则，但许多国家会通过最惠国待遇原则来解决对不同国家投资者的歧视问题。因此，许多学者认为，为了防止歧视性的国有化，东道国政府应该至少提供同国民同等的待遇标准。[①]

（三）正当法律程序

正当程序原则是习惯国际法的最低待遇标准，是公平与公正待遇的内容。因此东道国在进行征收或国有化过程中必须遵守正当程序原则。

（四）给予补偿

发达国家同发展中国家在征收的补偿标准上存在着较大的分歧，是国际投资协定中最重要的议题之一。发达国家通常要求提供及时、充分和有效的补偿，而发展中国家一般支持合理（reasonable）或适当（appreciate）的补偿标准。

三 征收的新发展

征收分为直接征收和间接征收。所谓直接征收指东道国通过立法行为或公共利益将投资的财产或权利转移给国家。由于在国际投资领域呈现自由化趋势，各国对投资的保护越发重视，因此东道国政府对外资的直接征收或国有化的情形已经极为少见。自20世纪70年代以来，实践中被投资者所指控的征收行为则集中在间接征收上。间接征收（indirect expropria-

---

[①] 梁咏：《中国投资者海外投资法律保障与风险防范》，法律出版社2010年版，第260页。

tion）又称为"事实征收"（de facto expropriation）、"变相征收"（disguised expropriation）或"逐渐征收"（creeping expropriation），即东道国政府采取一定的措施使得外国投资项目在实质上无法产生收益。由于在国际投资领域有关间接征收没有明确的概念，因此经常出现外国投资者同东道国政府之间因为间接征收而发生争端。

判定东道国政府行为是否构成间接征收主要从以下几个因素考虑:①（1）效果或意图，即政府的行为对投资经济利益与价值以及投资控制的影响效果；（2）投资者的正当合理预期，对投资者而言东道国在合同中明确的承诺以及所提供的法律框架是合理预期的重要来源；（3）投资者对投资的控制；（4）部分征收，即对构成全部投资经营组成部分的特定权利有可能实施征收；（5）一般性监管措施以及监管措施所持续的时间。

四 征收的补偿标准

关于征收的补偿标准主要有赫尔规则、不予补偿和适当补偿三种原则，而适当补偿原则是被联合国决议所通过、国际社会普遍接受的征收补偿标准。

（一）赫尔规则

赫尔规则是1938年由美国国务卿赫尔提出的"充分（adequate）、及时（prompt）、有效（effective）"的三重标准（triplestandard）。②由于赫尔规则保护的是资本输出国海外投资者的利益，因此采用这一规则的多为发达国家，如美国、英国、加拿大和澳大利亚等国家。所谓"充分"指赔偿金额应与被征收财产的全部价值（即"公平的市场价值"）相等，并包括直至支付赔偿金时的利益等；"及时"指支付赔偿金应及时实

---

① 银红武:《中国双边投资条约的演进——以国际投资法趋同化为背景》，中国政法大学出版社2017年版，第192页。

② Paul Peters, "Recent Developments in Expropriation Clauses of Asian Investment Treaties", *Asian Yearbooks of International Law*, Vol. 5, 1995, p. 71.

现,在分期支付的情况下,应支付欠款利息以作为赔偿;"有效"指赔偿金应以允许可盈利再投资的方式支付,可兑换货币的支付一般是有效的。①

(二) 不予补偿

不予补偿指一国在对外国的资产实行征收或国有化后,不存在补偿义务,其主要依据为国家主权原则和国民待遇原则。不予补偿原则是苏联、东欧和拉美国家的一些学者所主张的,其认为由于国际法中没有明确规定若将外国资产予以征收或收归国有必须给予补偿的原则,所以是否给予补偿由一国的国内法决定。而有关国民待遇原则,若一国政府实行征收或国有化对本国国民不给予补偿,则外国投资者也不例外。

(三) 适当补偿

由于适当补偿原则在1974年召开的联合国第29届大会上所通过的《各国经济权利和义务宪章》予以确立,其主要依据是公平互利原则。既要考虑到东道国经济和社会改革需要,其经济发展水平和支付能力,又要考虑到保护好外国投资者的合法权益,当遭受到损失时应予以适当的补偿。适当补偿原则的另一个依据是自然资源永久主权原则,即东道国政府对国内的自然资源实行征收或国有化时,参加开发该自然资源的外国投资者不应主张权利,仅能对其资产考虑补偿。适当补偿原则长期以来被各国广泛使用,尤其是广大的发展中国家。中国同广大发展中国家一样,总体上坚持适当补偿原则。

---

① 陈安:《国际投资法的新发展与中国双边投资条约的新实践》,复旦大学出版社2007年版,第83页。

第 四 章

中国海外投资法律保障之担保制度

虽然中国在国内法和国际法层面都对非商业风险给予了制度保障，但在现实中投资是否顺利主要取决于东道国能否善意且全面履行其法律义务（包括东道国在双边协定、多边协定、东道国国内法以及投资合同中所作的承诺）。[①] 如果东道国政府不能善意且全面履行其应该承担的法律义务，当投资遭遇非商业风险而带来的损失时，投资者就无法从法律条文或合同条款的约定获得损失的弥补，而必须寻求对其财产和权力损失救济的现实路径。而中国"走出去"的国家多为发展中国家，其政治、经济和法律制度等缺乏稳定性和完善性，其国内的投资风险明显高于发达国家等成熟经济体，因此，如何对潜在或已经发生的非商业风险进行救济和求偿是保障中国海外投资安全的重要命题。

海外投资保险制度，又称海外投资担保制度，是资本输出国保护与鼓励本国私人海外投资的国内法制度。[②] 一国的海外投资担保制度一般包括：第一，双边投资协定或区域自由贸易协定中的担保规定；第二，一国国内法有关海外投资保险的法

[①] 梁咏：《中国海外能源投资法律保障与风险防范》，法律出版社2017年版，第257页。

[②] 漆彤：《中国海外投资法律指南》，法律出版社2019年版，第164页。

律制度;第三,多边投资担保规则。中国的海外投资保险制度主要有中国签订的双边投资协定、多边投资协定、中国的海外投资保险法律制度以及中国参与的《多边投资担保机构公约》相关制度组成。

自 1948 年美国在马歇尔计划的实施过程中首次创设海外投资保险制度,当时海外投资保险市场主要由政府保险人主导,例如美国国际开发署(Agency for International Development)是美国海外投资保险机构,直到 1971 年由私人海外投资公司(Overseas Private Investment Corporation)继任,随后日本、法国、德国等主要资本主义国家也效仿美国建立了自己的海外投资保险制度。1985 年,世界银行成员国共同发起建立了专门负责海外投资保险的国际组织,即 MIGA。

同传统的商业性保险相比,海外投资保险具有以下特征:[①](1)保险机构以保护和促进海外投资为目的并由政府机构或国有公司承保;(2)保险对象只包括海外私人直接投资,且被保险的私人直接投资必须满足特定条件;(3)投资范围只限政治性风险,如战争险、征用险和外汇险等,不含一般性商业风险;(4)海外投资保险一般通过双边投资条约规定。

此外,海外投资保险具有以下主要功能:[②](1)为投资者因遭受非商业风险而导致的损失提供补偿,维护海外投资者的合法权益;(2)为投资者承担政治性风险从而提供融资便利;(3)保险机构通过承保相关风险,降低投资者及融资银行承担风险,从而提升投资者和被保险债券的信用评级;(4)承保机构拥有丰富的风险预测和管控经验,从而有助于投资者提升风险管理水平,防止或降低损失。

---

① 王军杰:《"一带一路"沿线投资风险法律应对研究》,法律出版社 2019 年版,第 51 页。
② 王军杰:《"一带一路"沿线投资风险法律应对研究》,法律出版社 2019 年版,第 52 页。

第一节　多边投资担保机构——MIGA

一　MIGA 的基本概况

从 1948 年开始，世界银行就开始构想建立一个全球性的投资担保机构，并提出了一系列的方案和研究报告等。但由于当时发达国家已建立了各自官方的投资保险机制，并且方案中并未解决其中关键性的问题，如发展中国家的出资、担保机构的代位求偿权、担保机构同东道国之间的争端解决等问题，因此而一再被搁置。20 世纪 80 年代初，众多发展中国家因为过分依赖外国商业贷款导致了严重的债务危机，许多外国投资者对东道国征用等政治风险担心加剧，从而流向发展中国家的投资比例急剧下降。因此，为了鼓励外国直接投资更多流向发展中国家，促进发达国家和发展中国家的共同繁荣，发达国家和发展中国家的代表们在反复磋商、互相妥协的基础上成立了全球性的多边投资担保机构。1985 年 10 月 11 日，世界银行在韩国汉城召开年会并通过了《多边投资担保机构公约》（*Convention Establishing the Multilateral Investment Guarantee Agency*）。《多边投资担保机构公约》于 1988 年 4 月 12 日生效，2010 年 11 月 14 日修订。中国于 1988 年 4 月 30 日批准了该公约，是该公约的创始成员国，是该机构的第六大股东。MIGA 的承保范围包括东道国政府的战争险、违约险、内乱险、征收险和货币汇兑险等。《多边投资担保机构公约》至今已签发的总保险金超过 450 亿美元，为 110 多个成员国的 800 多个项目承保。至 2016 年 6 月底，MIGA 总共承包了 40 项外国投资者在中国的投资项目，两个中国投资者在别国的投资项目，分别是东道国为肯尼亚和孟加拉共和国的能源项目。

多边投资担保机构是世界银行下设的五大机构之一，但其可以在法律和财务上作为独立的实体开展业务。多边投资机构在成立之初仅有 29 个成员国，分别是美国、英国、日本、德国、加拿大、瑞士、荷兰、韩国、丹麦、瑞典、沙特阿拉伯、孟加拉国、尼日利亚、巴林、巴巴多斯、埃及、巴基斯坦、约旦、科威特、印度尼西亚、厄瓜多尔、塞浦路斯、塞内加尔、牙买加、萨摩亚、格林纳达、莱索托、马拉维和智利。到目前为止，《多边投资担保机构公约》一共有181个成员国。由于多边投资机构成立的宗旨是保护投资者在任何发展中成员国的跨境投资，促进发展中国家的经济发展，[①] 因此，MIGA的成员国中大多为发展中国家，发展中国家所占比例高达86%。

为了更好促进发展中国家的投资，MIGA还同其他国际机构如国际金融公司（International Finance Corporation，IFC）、国际复兴开发银行（International Bank for Reconstruction and Development，IBRD）、国际开发协会（International Development-ment Association，IDA）、双边和多边发展机构和全球出口信贷机构等共同开展承保政治风险以及促进投资的合作计划。

二 MIGA的组织机构

（一）理事会

理事会是MIGA最高权力机关和决策机关。MIGA理事会每年举行一次年会。理事会设主席1名，副主席至少2名。由于多边投资担保机构是各方妥协的产物，各会员国必须通过其选派的理事直接参与重要问题的决策以保护本国的利益，其理事一般由各国负责外国投资事务的部长担任。除公约特别授予另一部门行使权力外，其他一切权力归理事会。为了满足各成员国的要求，理事会设立了保留权力，理事会的保留权力包括接纳新成员国、暂停成员国资格、决定资本的增减、提高MIGA担保上限以及修改公约等根本性问题。

---

① 《多边投资担保机构公约》中明确指出："在以稳定和公正对待外国投资的基础上，在其条件同发展中国家的发展需要、目标和政策一致的情况下，促进以生产为目的的资金和技术流向发展中国家。"

（二）董事会

董事会为多边投资担保机构的执行机关，处理公约所规定的一般业务（the general operations），并执行公约所要求或许可的任何行动。世界银行行长兼任董事会主席，在董事缺席或无法行使其权利时可指定副董事全权代行其职权。董事会人数不应少于12人，具体人数由理事会按照会员国的数量来决定。

（三）总裁和职员

MIGA的总裁由董事会主席提名，由董事会任命。按照惯例，世界银行行长兼任MIGA的总裁，在董事会的监督下处理多边投资担保机构的日常事务（the ordinary business）。总裁及职员在履行其职责时完全对MIGA负责，不对其他任何部门负责。MIGA的所有会员国都应尊重这种职责的国际性。

三 MIGA的承保条件

（一）合格投资者

根据《多边投资担保机构公约》第13条规定，符合以下条件的自然人和法人有资格获得多边投资担保机构的担保：(1) 自然人为东道国以外的另一缔约国的国民。若投资者拥有一个以上的国籍，则缔约国国籍优于非缔约国，东道国国籍优于其他国家国籍。(2) 法人。要求在缔约国境内所设立或主要经营场所在缔约国境内，或主要资本为一个或多个缔约国或缔约国国民所有，其缔约国不能为东道国，其法人应以经营为目的运营。

若投保是东道国和投资者联合申请，且资产来源于东道国境外，董事会可以通过特别多数同意，将合格投资者范围扩大至东道国国民、东道国设立的法人、主要经营场所位于东道国的法人以及主要资本为东道国国民所拥有的法人。

同资本输出国国内的海外投资保险制度相比，多边投资担保机构合格投资者的投保范围要宽泛许多，包括完全归一个缔约国所有；缔约国同投资者共有的；归多个缔约国政府共同所有；归多个缔约国政府和投资者共有的。比如美国的投资保险机构则规定，海外私人投资公司必须保证其资产中有51%以上为美国人所有的美国公司或至少95%为美国人所有的外国公司。此类规定对于投保尤其是多国共同出资的投资项目必然造成诸多不便。

（二）合格投资

多边投资担保机构所承保的投资除以下列举的类型，其他形式的合格投资由董事会界定：第一，股权利益的投资，包括在公司或其他实体中拥有的股份或所有权；拥有参与分享合资经营企业的利润及清算所得的收益的权利；有价证券和直接股权投资；对非法人分支机构或其他投资机构的资产拥有所有权；企业股权所有人对项目企业提供的贷款担保；企业股权所有人对项目企业发放的贷款。第二，非股权利益投资，含有直接投资的投资项目或工程融资或相关联的非股权投资；经董事会特别多数同意的非股权投资；董事会特别多数通过的其他形式的中长期投资。

多边投资担保机构在具体判定是否为合格投资主要从以下几个方面进行考量：

（1）投资的时效性。多边投资担保机构只担保新的投资项目，包括担保申请登记后才开始进行的投资。以下投资也可视为新的投资：为更新、扩展、增强现有投资的外汇转移，原有和新增投资都为合格投资；对现有投资的使用或收购；合格投资者为其提供保险的大量现有投资和新投资者中的现有投资等。

（2）投资的合法性。《多边投资担保机构公约》第12.3条规定，投资必须符合东道国的法律，包括东道国的声明、东道国与外国投资者签署的特许协议、多边投资担保机构对东道国出具的法律或公证的法律意见，以确保投资可以在东道国获得平等、公平的待遇和法律保护。例如，1991年一家美国公司在中国境内设立一家合营企业，同时向MIGA申请投保征收险和货币汇兑险。中国政府在审核该担保合同时发现其在审批流程、贷款担保、原料购买和外汇平衡等方面条款不符合中国法律法规规定，并明显加重中方合营者的责任，因此未批准该担保合同并通知 MIGA 该投资违反中国的法律法规，MIGA 最终拒绝为美国投资者的该项投资提供担保。①

（3）投资的合理性。多边投资担保机构将所有与投资项目相关的经济性因素作为判定该项目是否具有经济上的合理性，例如经济的独立性和项目技术上的可行性等。此外，根据多边投资担保机构公约规定投资项目是否会促进东道国的发展也视为投资合理性的指标，主要包括下列因素：② 投资项目为东道国创造收益的程度；投资项目对东道国拓展经济活动区域、创造就业岗位及改善收入差距的程度；投资项目在东道国生产出口产品或替代产品的程度；投资项目对减少东道国承担外在经济条件变化的脆弱性等方面贡献的程度；投资项目为东道国输出知识和技能的程度；投资项目对东道国的环境和基础设施建设所造成的影响的程度。对于东道国法律所禁止的投资活动、高度投机性活动以及军事活动等多边投资担保机构不予承保。

（4）投资的政策性。多边投机担保机构要求投资活动必须符合东道国的政策方针。东道国政府经常根据本国实际情况以及经济发展需求制定一系列的方针政策。外国投资者应在东道国政府鼓励的投资领域和市场予以投资，对东道国政府限制的投资领域减少投资，对东道国所禁止的投资领域避免投资，从而促进东道国的投资更好发挥社会和经济效益。

（三）合格东道国

《多边投资担保机构公约》对于合格东道国的规定如下：

---

① 李英、罗维昱：《中国对外能源投资争议解决研究》，知识产权出版社 2016 年版，第 96 页。

② 李英、罗维昱：《中国对外能源投资争议解决研究》，知识产权出版社 2016 年版，第 95—97 页。

合格东道国必须是发展中国家，因为多边投资担保机构的宗旨是促进外国资本向发展中国家流动以推动发展中国家的经济发展。因此只有针对发展中国家的投资才有资格申请投保；必须为同意多边投资担保机构担保与投资相关的非商业性风险的国家，在征得东道国政府同意多边投资担保机构承保风险前，不允许签订保险合同；必须经过多边投资担保机构查明相关外国投资在东道国境内可以得到公正、平等待遇及适当法律保护的国家。[①]

《多边投资担保机构公约》的附表 A 将缔约国划分为两大类，第一类为 25 个发达国家，第二类为 156 个发展中国家。按照规定多边投资担保机构只向第二类发展中国家尤其是最不发达国家的投资提供担保。以 2015 年多边投资担保机构承保的项目为例，有近 50% 的项目属于世界最不发达国家的投资，15% 的项目为战乱或冲突地区的投资。

（四）东道国同意

根据《多边投资担保机构公约》的规定，在征得东道国政府同意多边投资担保机构对相关的投资风险提供担保以前，多边投资担保机构不得签署任何担保合同。此外，多边投资担保机构规定若投保人无法提供东道国政府同意的证明时，也可以通过多边投资担保机构征求东道国的同意，东道国在一定期限内未予以回应或表示反对，则视为默许。

四　MIGA 的承保范围

多边投资担保机构承保的范围几乎囊括了所有的政治性风险，具体包括货币汇兑风险、征收风险、政府违约风险、战争和内乱风险及其他政治风险。

（一）货币汇兑险

货币汇兑险是指东道国政府采取一定措施，限制被保险人

[①] 余劲松：《国际投资法》，法律出版社 2014 年版，第 239 页。

将东道国的货币兑换成可自由流通的货币，或被保险人所接受的其他种类的货币，或限制其将货币汇出东道国境外的风险。此外，包括东道国政府未在适当时间内对被保险人提出的自由兑换货币申请予以答复，从而导致被保险人遭受损失。根据多边投资担保机构的相关规定，所谓东道国政府的限制措施包括限制被保险人货币转移的一切直接或间接措施，以及根据法律规定或事实上存在的措施。同时，东道国政府所采取的限制措施既包括积极行为，如颁布相关的法律法规或行政命令禁止其境内货币的自由兑换和转移，也包括消极行为，如在合理时间内未对被保险人所提出的货币兑换或转移的请求予以答复或采取行动。除了上述行为，多边投资担保机构还对被保险人所持有的东道国货币在进行兑换时可能遇到的汇率歧视予以担保，若东道国的货币兑换率低于担保合同中所规定的最低兑换率对外国投资者进行货币兑换或转移，在这种情况下属于多边投资担保机构予以承保的范围。

（二）征收及类似措施险

征收或类似措施险是指东道国政府采取立法、行政措施或懈怠行为，使得被保险人在其境内的投资项目所有权或实际控制权被剥夺，或东道国的行为实际上造成了剥夺被保险人上述权利的效果。其中，立法或行政措施只限于积极行为，懈怠行为指行政机关违反其对被保险人或公司作为的法律义务，以及自作为义务第一次产生之日起的90天内未予以补救的不作为行为。但依据《多边投资担保机构公约》的相关规定，东道国政府对外国投资者不存在特别歧视而是对其境内的经济活动所采取的普遍适用措施，或东道国基于对本国的税收、环境或公共卫生的保护所采取的正当措施等不属于承保范围之内，这体现了多边投资担保机构对国家主权的尊重。

此外，多边投资担保机构所承保的征收险既包括直接征收，也包括间接征收。多边投资担保机构所规定的征收包括：剥夺投资企业的有形资产；剥夺担保人受担保的权利；阻止担保人处分担保份额或行使依附于担保份额的表决权;阻止投资企业处分资产、执行求偿等重要的担保权利;对投资项目增加金融或财政义务,导致其严重亏损或无法继续经营,并且该措施实际持续达到365天。

(三) 政府违约险

政府违约险是多边投资担保机构所特别创设的险种,在各个国家官方设立的投资担保机构和双边或多边投资条约中并未设立此类险种。政府违约险指东道国政府违反或不履行同外国投资者共同签署的合同,并且投资者无法诉诸东道国的司法或仲裁机关通过提起诉讼解决该争端,或相关的司法或仲裁机关未能在合同约定的合理期限内作出裁决,或虽然作出裁决而未能执行。多边投资担保机构只有在外国投资者无法在东道国的司法或仲裁机构提起诉讼,或者提起诉讼后未得到公正判决,或判决作出后未予执行的情况下进行承保。这一规定体现了尊重东道国的管辖权和用尽东道国当地救济原则。此外,根据多边投资担保机构的相关规定,东道国政府违约行为有时会符合征收险或货币汇兑险的范围与标准,此时被保险人可以按照任何一个类别的险种提出赔偿。

(四) 战争和内乱险

战争与内乱险是指东道国领土范围内爆发的任何武装军事冲突或内乱而导致外国投资者的投资项目遭受损失。军事冲突不仅包括东道国同其他国家间的武装力量冲突或战争行为,也包括东道国内部不同政治团体武装力量间的冲突或战争行为;内乱指东道国境内以推翻现任政府或驱逐出特定区域为目的,某些政治团体有目的有组织有计划实施的暴力行动。[①] 其中,在一定情况下,发生在东道国境外的军事冲突或动乱对东道国境内的投资项目造成损失,多边投资担保机构也可将其视为发

---

① 李英、罗维昱:《中国对外能源投资争议解决研究》,知识产权出版社2016年版,第100页。

生在东道国境内的战争与内乱予以承保。由于一般情况下，战争与内乱是东道国无法控制的，多边投资担保机构向投资者赔付保险金后无法向东道国代位求偿，因此多边投资担保机构对战争与内乱险的范围和标准作出比较严格的限制。例如，战争与内乱所造成的后果需要达到一定严重的程度，包括：投资者所持有的有形资产遭到严重的摧毁或消失；投资企业正常经营被严重阻碍，无法执行全面财务生存所必需的业务至少持续365天，并且投资企业由于这一原因无法在无亏损的状况下正常运营。

（五）其他非商业性风险

根据《多边投资担保机构公约》的规定，经东道国政府和外国投资者的共同请求，经多边投资担保机构董事会特别多数通过，多边投资担保机构可以对上述四种险别以外的非商业风险提供担保。例如，不履行主权债务风险；国有企业或政府机关不履行债务的风险；不履行双边投资协定下仲裁裁决的风险等。此外，《多边投资担保机构公约》规定，以下情况造成的损失不在承保范围内：东道国政府所实施，经投资者同意或应由投资者负责的行为或懈怠；在订立担保合同前发生的东道国政府行为或懈怠。

五　MIGA 的作用

总体而言，多边投资担保机构的设立有效促进了资本的自由流动，尤其是促进了向发展中国家的投资及经济发展。首先，多边投资担保机构弥补了许多发展中国家缺乏海外投资担保机构的不足；其次，使多种情况建立的投资项目进行担保成为可能，如前所述，多边投资担保机构可以为不同国家共同投资的担保项目，一国同投资者的投资项目以及不同国家同投资者共同投资的项目予以担保。而各国国内的海外投资担保机构无法对此类项目进行承保；多边投资担保机构的对象既是外资所在的东道国，同时又是多边投资机构的股东。在发生赔偿后，MIGA 可以向东道国进行追偿，从而增强了对东道国的约束力，并且可以有效降低非商业性风险的发生。①

此外，多边投资担保机构相较于其他海外投资担保机构还有以下的优势：② 有力的索赔前风险管理。多边投资担保机构凭借世界银行的优势，会影响违约的东道国与世界银行的合作，因此东道国成员国不会对多边投资担保机构担保的项目进行违约；多边投资担保机构拥有更强的保险能力，它是世界上最大的国际投资担保机构，其成员国数量众多，并且设有分保和再保方式补充其业务；多边投资担保机构拥有较强的代位求偿能力；多边投资担保机构拥有更广泛的合格投资者，其比任何海外投资担保机构合格投保人的范围更宽泛；多边投资担保机构综合评级较高，其担保风险权重为零；多边投资担保机构的风险评估机制完善，可便利收集各国投资全面而真实的数据与信息，其保险资本与总资本比例适中；多边投资担保机构的风险承受能力强，在具有挑战性的市场可开展较长时间的业务；多边投资担保机构的承保流程规范等。

六 MIGA 的局限性

（一）多边投资担保机构对承保条件限制

多边投资担保机构对于投资主体、投资项目还有东道国等都有严格的限制。从投资主体来讲，多边投资担保机构规定合格的投资者包括自然人投资者和法人投资者。自然人投资者应该有除东道国国籍以外的其他成员国的国籍。法人投资者要求法人在一成员国注册，并且主要业务也设在该成员国。或者法人的多数资产为一成员国或多个成员国或成员国国民所有。从投资项目来讲，合格的投资需要满足以下五个方面：（1）投

---

① 王军杰：《"一带一路"沿线投资风险法律应对研究》，法律出版社 2019 年版，第 140 页。

② 王军杰：《"一带一路"沿线投资风险法律应对研究》，法律出版社 2019 年版，第 142 页。

资应符合东道国的法律规定；（2）投资应该与东道国的发展目标和重点一致；（3）投资应具有发展性，属于新投资项目；（4）投资具有经济合理性，可以促进东道国的发展；（5）投资类型仅限于股权投资、非股权投资以及其他投资。从东道国来讲，按照《多边投资担保机构公约》第12条规定，东道国应具备保证投资受到公平、平等待遇和法律保护的投资条件。《多边投资担保机构公约》第14条规定，多边投资担保机构只对向发展中国家会员国的投资项目进行承保。《多边投资担保机构公约》第15条规定，东道国需要对多边投资担保机构承保的保险予以认可。此外，多边投资担保机构公约还规定，若东道国对外国投资的法律保护是充分的，对在该东道国境内的投资可予以担保；若东道国对外国投资的法律保护不充分时，可拒绝担保。2013年，多边投资担保机构颁布了《多边投资担保机构环境与社会可持续性执行标准》并列出了包括环境保护、资源利用、劳工利益、土地征用、非自愿移民、生态多样性、生物资源可持续性、土著民族以及文化传承八个评估投保项目的标准。综上所述，多边投资担保机构对于承保的条件从多个方面做了严格的限定，大多数情况下无法利用多边投资担保机构进行投保。

（二）多边投资担保机构对担保数额的限制

多边投资担保机构的担保是根据各成员国持股比例予以分配，并且《多边投资担保机构公约》第16条规定，多边投资担保机构不会承保全部损失，并对国家和项目的承保额设定了上限，各国承保限额为7.2亿美元，每个项目的承保限额为2.2亿美元。而中国"一带一路"基础设施投资项目动辄万亿美元级别，通过多边投资担保机构对此类项目投保十分有限。

（三）多边投资担保机构对用尽当地救济的限制

根据《多边投资担保机构公约》第17条的规定，担保合同应要求外国投资者在多边投资担保机构承保前，诉诸东道国境内的司法、仲裁和行政等途径解决争端。

七 MIGA 与中国

首先,中国应积极制定和实施同《多边投资担保机构公约》相衔接和匹配的国内制度和规则,将《多边投资担保机构公约》等国际公约转化为国内法律制度,提高中国海外投资者利用多边投资担保机构投保的可操作性。制定中国海外投资者利用多边投资担保机构的规则指引,确立中国与多边投资担保机构对接和负责的部门机构,从而确立制度保障。其次,多边投资担保机构可以同中国的出口信用保险公司以及私人保险公司在共保与分保领域开展合作,增加险种,优化保险条款,提高承保灵活性,降低保费,以及提高担保容量,从而满足海外投资者的投保需求,为其提供有效的保障。最后,应加强对多边投资担保机构的宣传。中国企业在海外投资过程中由于对东道国可能发生的政治风险认识不足,缺乏防范意识,并且海外投资者对多边投资担保机构及其保险种类、投保条件、理赔程序等的了解知之甚少,大多数海外投资者也不清楚如何运用多边投资担保机构来防范风险。因此,中国应加强对海外投资者在 MIGA 方面的宣传与培训。

第二节 中国信保

从严格意义上讲,中国目前尚未建立完善的海外投资保险制度,也未出台海外投资保险法。直至 2001 年 12 月 18 日才成立了国内专门办理出口信用保险业务的机构——中国出口信用保险公司。中国出口信用保险公司(以下简称中国信保)为中国企业海外投资项目的政治风险提供保险服务,其承保范围包括因征收、汇兑限制、战争和政治暴乱以及附加政治风险所引起的风险。

一　中国信保的产生与发展

中国的海外投资保险源于两个机构，分别是于1988年成立的中国人民保险公司出口信用保险部以及于1994年成立的中国进出口银行保险部，这两个机构曾负责中国投资者的海外投资项目的承保。之后，中国政府为鼓励海外投资者开展海外投资并遵循WTO禁止以直接补贴形式支持海外投资的规定而出台了一项政策性扶持措施，并于2001年年底在北京正式成立了中国出口信用保险公司。中国人民保险公司以及中国进出口银行相关的海外投资保险业务全部移交给中信保，中信保从此成了中国唯一有资格负责承办海外投资保险业务的政策性保险公司，其服务范围包括为企业提供短期及中长期的出口信用保险、中小企业综合保险、买家保险、资信评估、行业风险评估、出口票据保险等。中信保的成立对中国的海外投资发展起到了一定的推动作用，海外投资保额也出现大幅度提升，为中国海外投资保险的建立及发展奠定了基础。[①]

二　中国信保的承保条件

（一）合格投资者

根据中国信保公司章程规定，合格的投资者需要满足以下三个条件之一：在中国境内（不含香港、澳门、台湾地区）注册成立的金融机构和企业，但由香港、澳门和台湾地区的机构、企业和公民控股的除外；在境外（包含香港、澳门和台湾地区）注册成立的企业和金融机构，其实际控制权归中资法人；其他经批准的企业、社团和自然人。

（二）合格投资

中国信保判断合格投资的标准包括：首先，合格的投资必

---

① 李英、罗维昱：《中国对外能源投资争议解决研究》，知识产权出版社2016年版，第169页。

须符合中华人民共和国的法律法规、国家政策和经济利益。其次，投资的形式分为以企业融资为形式的债券投资，以货币、实物、技术或知识产权出资的股权投资以及其他经过批准的投资。以下形式的投资无论是否已经完成，均可投保海外投资保险：(1) 直接投资，包括股东担保、股东贷款和股权投资等；(2) 金融机构贷款；(3) 其他经批准的投资形式。①

（三）合格东道国

中国信保并未对合格的东道国作出具体的规定。一般来讲，合格的东道国应为政治经济基本稳定的国家。并且，中国信保并未对要求东道国应为同中国签订双边投资协定的国家，而是要求投保人提供东道国政治和经济基本稳定的证明材料以及相关投资规定，包括投资形式、投资范围和投资政策等。②

（四）赔付范围

中国信保的承保期限为1—15年。违约项下赔偿比例最高不超过90%；基本政治风险项下的赔偿比例最高不超过95%；经营中断项下赔偿比例最高不超过95%。③

三 中国信保的承保类别

中国信保承保的政治风险包括：征收风险、违约风险、汇兑限制风险、战争风险以及经营中断风险等。

征收风险。指东道国通过没收、征用、国有化等途径，剥夺投资项目的经营权和使用权，或投资项目资金、资产的使用权和控制权的风险。

违约风险。东道国政府违反或不履行同投资者签署的投资

---

① 李英、罗维昱：《中国对外能源投资争议解决研究》，知识产权出版社2016年版，第171页。
② 李英、罗维昱：《中国对外能源投资争议解决研究》，知识产权出版社2016年版，第171页。
③ 刘国民：《用保险减少企业海外投资风险》，《中国贸易报》2017年7月20日第4版。

协议,并且东道国拒绝按照仲裁结果裁定的赔偿金额予以赔偿。

汇兑限制风险。指东道国政府阻止或阻碍换汇或转汇自由,或故意提高换汇成本。中国信保既承保货币自由转移风险,同时承保货币自由兑换风险。

战争风险。东道国发生战争、骚乱、政变、革命、叛乱、恐怖行动以及其他战争行为导致企业财产遭受损失或无法正常经营。

经营中断风险。指东道国境内因发生战争或暴乱而导致的投资项目建设或经营临时性的中断。①

四 中国信保存在的问题

首先,对合格投资的界定过于宽泛。中国信保未对投资时间作任何限定。此规定丧失了中国信保在防范风险中发挥的作用,使其无法像多边投资担保机构一样在防范风险以及损失救济方面都起到良好的作用。

其次,中国信保所承保的险种较为单一,无法回应中国海外投资的现实需求。

再次,中国信保对合格投资者的规范不够严密。其中,对于控股的概念界定不明确,会给中国信保带来过重的承保负担。

最后,中国信保对于合格东道国规定的缺位。中国信保对于合格东道国应该设定相应的标准以便实施向东道国的代位求偿权。②

既然海外投资的风险无法完全避免,如何对潜在的或已发生的商业风险进行有效救济就成为保障中国对外投资安全的最

---

① 梁咏:《中国海外能源投资法律保障与风险防范》,法律出版社2017年版,第261页。

② 梁咏:《中国海外能源投资法律保障与风险防范》,法律出版社2017年版,第263—264页。

现实命题，可以说海外投资救济机制既是海外投资保障的关键一环，亦是确保海外投资安全的最后"屏障"。海外投资保险是投资者将商业风险导致的利益减损部分通过"转嫁"的形式转由保险机构来承担的方式。中国企业可综合考虑东道国的投资环境及可能引发的政治风险选择具体的一种或几种险别进行投保。但中国现有的海外投资保险机制存在诸多问题，如投资主体的范围界定不清，风险险种单一无法满足海外投资现实需求，产生实际赔付后中国信保难以利用当前单边的海外投资保险制度通过代位权向东道国求偿。因此，为切实平衡保护中国海外投资并有效控制保险风险的利益出发，中国应尽快出台海外投资保险法，明确具体的承保范围，设置全面险别如增加恐怖主义险、营业中断险等，建立双边的海外投资保险机制以明确中国信保的代位求偿权从而避免为东道国的政治风险"埋单"，同时中国还应依托亚投行及丝路基金等现行机制建立以中国为主导的海外投资保险机构。

第 五 章

中国海外投资法律保障之争端解决机制

第一节 国际投资争端解决方式

国际争端是国际关系中所无法避免的。[①] 第二次世界大战以来,战争作为争端解决的方式已失去其合法性,国际争端的解决也逐渐发展为从武力到外交,从外交到法律的运动。[②] 国际投资争端是指外国投资者在东道国直接投资而产生的争端,广义上讲,包括外国投资者与东道国政府间的争端,外国投资者与东道国合作者之间的争端以及投资母国同东道国之间的争端,而狭义的争端仅为外国投资者同东道国政府之间的争端。目前,国际投资争端解决方式主要包括政治解决、司法解决和仲裁解决三种方式。

一 政治解决

政治解决方式主要包括协商、调解、斡旋与调停以及外交保护等形式。

---

① J. G. Merrills ed., *International Dispute Settlement*, Cambridge: Cambridge University Press, 2005, p. 1.

② Louis Henkin ed., *How Nations Behave*, New York: Columbia University Press, 1979, p. 1.

协商（consultation）是指争端发生后，争端双方当事人在自愿原则的基础之上对争议事项进行磋商，从而使争端得以解决。协商是解决任何类型争端的首选途径，目前被广泛运用于国际投资法、双边投资条约和区域贸易协定当中，中国同其他国家签订双边投资条约时一般将协商作为诉诸法律手段的前置程序。[①] 协商的优势在于：首先，其灵活性，相较于司法和仲裁等途径，协商不需要遵守严格且复杂的程序规则，无须第三方协助或监督。而且协商在争端解决的任何阶段和程序均可适用，当事国对争端解决过程拥有最大的控制权。[②] 其次，协商有利于维系争端双方的友好合作关系。而协商的劣势在于：第一，争端解决的结果往往是两国力量之间博弈的结果，而争端的弱势一方可能会作出更多的妥协，让步一定的权利，从而违反平等公平原则。第二，协商的结果不会对当事各方产生法律约束力，不具备强制执行力。因此，协商的结果完全靠争端双方自觉遵守和履行，一旦不执行，则只能重新磋商或诉诸其他争端解决方式。

调解（conciliation）是指争端当事方将争议事项提交至共同信赖或指定的机构，由该第三方对争议事项作出全面的审查并对争端当事方进行调解，从而使得各方在自愿的基础上逐步达成和解协议，以解决争端。第三方的介入有利于提出中立和客观的观点，同时有利于当事各方采取更加冷静的态度接受对方的意见，从而促进双方矛盾的缓解并作出妥协和让步。投资争端的调解分为常设机构调解和临时机构调解。临时机构调解是指在争端发生后，由争端当事方临时组成调解组，共同制定调解规则和指定调解员及调解地点，调解结束后则自行解散。为了规范国际商事和投资调解，1980年联合国国际贸易法委

[①] 张瑾：《"一带一路"投资保护的国际法研究》，社会科学文献出版社2017年版，第128页。

[②] J. G. Merrills ed., *International Dispute Settlement*, Cambridge: Cambridge University Press, 2005, p. 1.

员会制定了第一份调解规则，2002 年第 57 届联合国贸发会起草了《国际商事调解示范法》，为各国提供了调解规范。常设机构调解是指争端当事方在双方自愿的基础上将争端提交至专门负责处理投资争端调解的常设机构，由该机构提供调解规则、调解员名单以及调解场地等。例如位于华盛顿的国际争端解决中心。2015 年 12 月，"一带一路"商事调解中心在北京成立。2016 年 10 月，该中心颁布了《"一带一路"国际商事调解中心调解规则》和《"一带一路"国际商事调解中心调解员行为规范》。

斡旋与调停。斡旋（goodoffices）是指第三方为了使争端各方和平解决争端，促使各方进行谈判的活动。调停（mediation）是指第三方通过直接参与谈判的方式，以调停者的身份提出自己的合理建议，调和、折中各方的不同主张和要求，使争端双方达成协议。从事斡旋与调停的第三方包括国家、国际组织、私人机构或个人。这里的个人特指在国际上拥有卓越地位和名望的人，如一国的国家元首、国际组织高级官员以及国际法学家等。

外交保护。外交保护是指当本国国民在东道国受到不法侵害，并且在东道国境内无法得到救济，本国政府可以通过外交行动以和平解决争端。外交保护是基于国家的属人管辖权，属于国家作为国际法主体行使其国际法权利的主权行为。但外交保护是投资者母国政府的一项权利并非义务，母国对是否行使外交保护具有完全自由的裁量权，并且要求用尽当地救济为前提。外交保护的弊端是容易将投资争端上升为政治争端，激化国家间的矛盾，导致东道国与母国的关系陷入僵局，甚至发生冲突。

二 司法解决

司法解决包括东道国当地救济、外国法院以及国际司法机构三种途径。用尽东道国当地救济（Local Remedies），主要包括行政救济和司法救济，是指东道国的行政机构或司法机构按照东道国的实体法与程序法来解决投资争端。东道国当地救济原则既可适用于外国投资者同东道国企业或个人的投资争端，也可适用于外国投资者同东道国政府之间的投资争端。该国际法规则依据国家属地管辖权原则和资源主权原则。要求外国投资者在东道国境内受到不法侵害时需要用尽东道国的行政或法律手段，之后才能请求外交保护或其他争端解决途径。所谓"用尽"要求用尽当地所有的司法和行政救济途径，同时要求用尽所有可适用的司法和行政救济程序，例如需要完成上诉程序，直至当地最高法院或最高主管机关的最终决定。

针对用尽当地救济的争端解决方式，拉美国家曾倡导卡尔沃主义，该主张是由南美知名学者卡尔沃于19世纪60年代提出，旨在反对西方列强滥用外交保护和干涉他国内政。[①] 卡尔沃主义以国际主权平等为基础，主张对外资进行管制时，对本国国民和外国投资者给予平等待遇。要求外国人在商事或投资争端中只能在当地法院寻求救济，以东道国国内法为准据法，反对通过国际仲裁或国际司法予以解决，禁止外国投资者诉请母国政府提供外交保护。20世纪80年代以来，随着全球化浪潮的兴起，包括拉美在内的广大发展中国家纷纷放弃卡尔沃主义的立场，通过双边投资条约、自由贸易协定等将属地管辖权让渡给国际仲裁庭。[②] 之后为了避免东道国政府频频被诉至国际仲裁庭，在双边投资条约中则限制了提交国际仲裁庭的争端范围。在实践中，由于外国投资者对于发展中国家的法律制度存有疑虑和偏见，一般不愿将争端提交给东道国的司法或行政机构加以解决。

外国法院，是指通过向东道国以外的法院（包括投资者母国或其他第三国的法院）提起诉讼解决投资争端。但是，通过外国法院诉讼会涉及诸多复杂的国际法问题，例如管辖权

[①] 漆彤：《中国海外投资法律指南》，法律出版社2019年版，第182页。

[②] 王军杰：《"一带一路"沿线投资风险法律应对研究》，法律出版社2019年版，第167页。

问题和豁免的标准等；此外，外国法院的判决除非得到东道国的承认或认可，否则将很难执行；同时，外国法院管辖违反了国际法的属地原则，容易导致投资争端政治化，从而引发争端国家间的冲突。①

国际司法机构，是指由常设国际司法机构以国际法和争端当事方签订的双边或区域性协定为法律依据，对争议事项作出对当事方有约束力的裁决。② 重要的国际司法机构主要包括具有一般管辖权的国际法院以及对海洋争端具有专门管辖权的国际海洋法法庭。司法解决的优点是判决对双方具有约束力且具有强制性，但其缺点为耗时长、成本高并会对国家主权形成一定的挑战。③

三 仲裁解决

实践中，政治解决方式中最强有力的外交保护机制容易将投资争端上升为国家间的争端，既难以获得东道国的认可，也难以保证对单一投资争端的公正解决；以东道国法院管辖为主的司法解决方式容易受到东道国的政治影响以及缺乏透明度问题难以获得外国投资者的认同，尤其是当东道国发生战争或内乱时，其司法机制可能在相当长的一段时期处于瘫痪状态；因此，糅合了政治解决方式与司法解决方式两者优点的国际投资仲裁方式则成为最具可行性的投资争端解决机制。

第二次世界大战结束后，诸多国家纷纷宣布独立，东道国对本国的外国投资进行大规模的征收和国有化导致了大量投资争端的发生。此外，由于全球化趋势不断加强，为了更快捷地解决投资争端，1966年，《华盛顿公约》创设了投资者—东道

---

① 张瑾：《"一带一路"投资保护的国际法研究》，社会科学文献出版社2017年版，第130页。
② [尼泊尔] 苏里亚·P. 苏贝迪：《国际投资法：政策与原则的协调》，张磊译，法律出版社2015年版，第97页。
③ [尼泊尔] 苏里亚·P. 苏贝迪：《国际投资法：政策与原则的协调》，张磊译，法律出版社2015年版，第97页。

国争端解决机制即国际仲裁。仲裁（arbitration）是指当事国双方自愿将争端提交给第三方进行裁判，并最终受该裁决的约束。从适格纠纷主体来看，国际仲裁分为公主体国际国际仲裁（public international arbitration，如 ICJ 或 WTO），私主体国际仲裁（private international arbitration，如国际商事仲裁）以及公私混合仲裁（private-public international arbitration，如 ICSID 和 NAFTA）。从组织形式上看，国际仲裁又可分为临时仲裁（ad hoc arbitration）和机构仲裁（institutional arbitration）。所谓临时仲裁是指双方当事人在争端发生后，由双方指定仲裁员设立临时仲裁机构，审理结束后自行解散。临时仲裁庭可自主规定仲裁规则，较大程度上融入了意思自治原则，并且程序灵活高效，运行成本较低。常设机构仲裁是指争端发生后按照双方约定提交至具有固定组织、固定地点以及固定仲裁规则的常设性机构。常设仲裁机构一般根据国际条约或国际法，或由国际组织等设立。常设仲裁机构又分为国际性仲裁机构、区域性仲裁机构和国内仲裁机构。国际性仲裁机构包括国际投资争端解决中心（ICSID）、国际常设仲裁院（PCA）和国际商会仲裁院（ICC）等。区域性仲裁机构例如亚非及远东经济委员会商事仲裁中心。国内仲裁机构包括美国仲裁协会、伦敦仲裁院等。常设仲裁机构具有较为完善的内部规章制度、仲裁规则和拥有丰富经验和专业知识的仲裁员以确保仲裁裁决的公平性，因而仲裁结果更容易得到当事方以及外国法院的认可。对于仲裁裁决的执行问题，由 ICSID 作出的仲裁裁决依据《华盛顿公约》执行，国际商事仲裁需得到国内法院的承认和执行，或依据 1958 年签署的《承认及执行外国仲裁裁决公约》。

相较于其他争端解决方式而言，国际仲裁具有以下优势：仲裁具有超国家性质审查的功能；[1] 避免外交保护救济将投资

---

[1] Jose E. Nrique Alvarez, "Why Are We 'Rc-Calibrating' Our Investment Treaties", *World Arbitration & Mediation Review*, Vol. 4, 2010, pp. 143 – 162.

争端政治化;① 仲裁裁决具有终局性并且有法律上的约束力;当事国对仲裁庭的管辖权、仲裁院的选任以及准据法等具有选择权和控制权;仲裁裁决具有公平性和中立性;避免东道国救济得到不公平不公正待遇。但国际仲裁也具有一定的缺陷,例如仲裁裁决不具有连续性,仲裁程序缺乏透明度,仲裁过程耗时长,仲裁对东道国行使主权造成一定的阻碍等。

第二节　国际投资争端解决中心——ICSID

当今世界主要有以下三种国际商事争端解决机制:(1)国际投资争端解决中心(International Center for Settlement of Investment Dispute Settlement,ICSID);(2)世界贸易组织(World Trade Organization,WTO)所建立的国际贸易争端解决机制;(3)国际商事仲裁机构,如伦敦国际仲裁院(London Court of International Arbitration)、美国仲裁协会(American Arbitration Association)、国际商会仲裁院(International Court of Arbitration of International Chamber of Commerce)等。

一　ICSID 的基本概况

20 世纪 60 年代以来,众多发展中国家为了增强本国经济实力,促进经济独立发展,对外国资本进行限制,甚至对本国涉及国民经济命脉的行业如能源行业实行征收,导致发达国家与发展中国家的矛盾日益加深。② 此外,鉴于国际投资争端中投资者与东道国主体地位悬殊,并且相较于国际商事仲裁在专业性、法律适用等诸多方面存在不足,裁决难以被东道国政府

---

① William S. Dodge, "Investor-State Dispute Settlement between Developed Countries: Reflections on the Australia-United States Free Trade Agreement", *Vanderbilt Journal of Transnational Law*, Vol. 39, 2006, pp. 5 - 9.

② 李英、罗维昱:《中国对外能源投资争议解决研究》,知识产权出版社 2016 年版,第 41 页。

承认与执行。各国为了缓解国际投资环境的紧张局势，对构建一种国际社会都认可和接受的处理国际投资争端的特别机构达成共识。经过多年努力于1965年在世界银行的框架内建立了平衡发展中国家与发达国家利益，各方自愿接受的专门解决投资者与东道国之间投资争端的多边投资争端条约机制，即《解决国家与他国国民之间投资争端公约》（Convention on the Settlement of Investment Disputes between States and Nationals of Other States），又称《华盛顿公约》。1966年该公约正式生效，并依据该公约设立了国际投资争端解决中心（International Center for Settlement of Investment Disputes，ICSID）。

ICSID是第一个旨在解决东道国与投资者之间的投资争端的国际机构。其在投资争端领域的权威性获得了越来越多国家的认可，是全世界范围内最具影响力的投资争端解决机制。截至2019年已有154个国家和地区签署了《华盛顿公约》。中国于1990年2月9日签署了该公约，1992年7月1日批准加入该公约，1993年2月9日在中国生效。根据联合国贸易和发展会议的《世界投资报告（2018年）》，截至2017年年底，全球有关投资者与东道国间的投资争端解决案件累计达855件，而70%的案件由国际投资争端解决中心（ICSID）所受理。[①]

ICSID包括行政理事会、秘书处、调解员小组和仲裁员小组，行政理事会的主席由世界银行行长兼任，每一个缔约国向行政理事会派一名代表。其主要职责是审核和通过ICSID的行政和财务规章制度；通过ICSID案件的议事规则；选举ICSID秘书长和副秘书长；审核和通过同世界银行达成的关于使用设施和服务协议；审批ICSID年度报告和预算等。理事会每一成员均拥有投票权，可对理事会的决议进行表决，但主席没有投票权。秘书处包括秘书长1名、副秘书长1名或数名以及工作人员数名。秘书长及副秘书长由行政理事会主席提名，并由行

---

① UNCTAD：*World Investment Report 2018*，United Nations，2018.

政理事会成员超过 2/3 多数选举产生，可连选连任，但任期不得超过 6 年。秘书处主要处理 ICSID 日常的行政工作，如仲裁请求接受和登记，对仲裁裁决进行认证以及对外宣传推广活动。有关 ICSID 的调解员小组和仲裁员小组，按照《华盛顿公约》的规定，每一个缔约国可以向每个小组指派 4 人，不局限于该缔约国公民。行政理事会主席可以向每个小组指派 10 人，但需要来自不同的国家。

二　ICSID 的管辖权

根据《华盛顿公约》第 25 条第 1 款的规定："ICSID 管辖适用于缔约国或缔约国向 ICSID 指定的其国内的任何组成部分或者机构与另一缔约国国民之间直接因投资而产生并且经过双方书面同意之后提交给中心的任何法律争端。并且在双方均表示同意后，任意一方不得单方面撤销其同意决定。"依照公约规定，投资争端只有在主体资格、客体资格以及主观要件均满足的情况下才能提交 ICSID 进行仲裁。

（一）投资争端的主体资格

按照《华盛顿公约》的规定，投资争端双方当事人必须是缔约国和另一缔约国国民。作为一方当事人的缔约国包括该缔约国政府和该缔约国的组成部分或机构。有关该缔约国的组成部分或机构能否接受 ICSID 管辖的问题，《华盛顿公约》第 25 条第 3 款规定，若东道国批准由其组成部分或机构作出同意接受 ICSID 的管辖，则该同意就具有法律效力。当然一国亦可对其本国的组成部分或机构的同意无须批准则认可其效力。另一缔约国国民包括自然人和法人。自然人投资者是指投资者在同东道国政府双方同意将争端交付调解或仲裁之日以及在调解、仲裁提交登记请求之日，具有东道国国籍以外任一缔约国国籍的自然人。投资争端的主体，除自然人投资者外，还包括法人投资者。根据《华盛顿公约》第 25 条第 2 款的规定，法人投资者是指在争端双方同意将争端提交仲裁、调解之日，具有除东道国以外任一缔约国国籍的任何法人。若法人投资者在争端双方同意将争端提交仲裁、调解之日具有东道国国籍，而该法人因受外国的控制，双方同意为了本公约的目的将争端交由 ICSID 管辖，则该法人投资者视为合格的法人投资者。

（二）投资争端的客体资格

根据《华盛顿公约》第 25 条第 1 款的规定，提交 ICSID 仲裁的争端必须是直接因投资而产生的任何法律争端。公约并未对"投资"的定义进行明确的界定，主要出于对投资形式的多样性以及复杂性的考虑，并且为了满足现实变化发展的需要，采取宽泛自由的定义。因此，仲裁庭一般对"投资"的相关定义采取扩大解释。在实践中如何界定法律争端，世界银行行政理事会的《执行董事会报告》明确规定：争端必须有关法律权利或义务的存在与否及其范围，或者因违反法律义务而引起的赔偿的性质和范围。

此外，依据《华盛顿公约》第 25 条第 4 款的规定任何缔约国可以将一类或几类不同意提交中心管辖的争端予以保留。因此，投资争端的客体需要同时满足是直接因投资而产生的法律争端，以及是缔约国非保留事项。

（三）投资争端的主观要件

根据《华盛顿公约》第 26 条的规定，东道国同外国投资者的投资争端提交至 ICSID 的前提条件是双方需要经过书面同意方可提交，并且不得撤回其认可。除非另有声明，当事双方同意将争端提交仲裁，就被视为同意仲裁，并排斥其他争端解决办法。对于 ICSID 管辖权的书面同意，主要接受以下几种做法：[①]（1）同东道国政府部门签订的投资协议；（2）同东道国政府就投资争端提交 ICSID 进行仲裁作出书面同意的协议书；（3）东道国国内法规定同意；（4）双边投资协定或区域性多

[①] 李英、罗维昱：《中国对外能源投资争议解决研究》，知识产权出版社 2016 年版，第 59—60 页。

边投资条约中的规定。

三 ICSID 的调解程序

相比较仲裁程序而言，国际投资争端解决中心的调解程序较少被适用。根据国际投资争端解决中心的统计，截至 2018 年 12 月底，总共有 11 个案件进行了调解程序。[①] 国际投资争端解决中心向争端当事方提供仲裁程序，争端当事方可以选择仅调解，或选择先调解再仲裁，但仲裁小组应该重新组建而不能由调解小组担任。争端当事方在调解小组的调解下可以达成调解协议，但调解协议不具有法律上的约束力，主要依靠争端当事方对调解协议的自觉遵守和执行。

四 ICSID 的仲裁程序

仲裁程序是 ICSID 最常被适用的争端解决方式。据统计，适用仲裁程序的案件数量占 ICSID 争端解决案件的 98% 以上。

（一）仲裁请求的提出与登记

投资争端发生后，当事人若想在国际投资争端解决中心启动仲裁，需要向国际投资争端解决中心的秘书长提交书面的仲裁请求，提交请求的同时需一并提交有关争端的材料说明、双方当事人的身份情况以及提交仲裁的书面同意等内容。秘书长对请求材料进行审核并核准是否予以登记，除非争端明显超越 ICSID 管辖权，否则均可登记。秘书长拒绝登记的裁决具有终局性。

（二）仲裁庭的组成

仲裁庭的组成应按照争端当事人的意愿，可以是争端双方当事人分别任命仲裁员也可以是共同任命仲裁员。若双方当事人无法就仲裁员人数达成一致时，按照 ICSID 仲裁程序规则，

[①] 殷敏、王珍珍：《"一带一路"争端解决机制：理论与法规》，上海人民出版社 2020 年版，第 149 页。

由 3 名仲裁员组成仲裁庭，即争端双方当事人各任命 1 名仲裁员，第三人由双方当事人协议任命并担任仲裁庭庭长。此外，仲裁员不得为投资者相同国籍或为东道国的国民，若全体仲裁员均为双方当事人协议任命的情况下，对仲裁员国籍不作限制。同时，仲裁员需要品德高尚，在法律、商业、工业或金融等领域具有较强的公认能力以及具备可靠的独立判断行使能力等。仲裁员被任命后，ICSID 将会对任命的仲裁员发出邀请。若仲裁员拒绝或未在 15 天内接受任命，ICSID 将邀请当事人提名的其他仲裁员。若当事方无法在提出仲裁请求登记后 90 天内指定仲裁员，则当事方可以要求 ICSID 行政理事会主席任命尚未任命的仲裁员。在全体仲裁员接受任命，并且 ICSID 秘书长通知双方当事人后，仲裁庭正式成立，仲裁程序予以启动。

五 ICSID 的裁判与执行

一般国际商事仲裁裁决的执行需要依照《纽约公约》按被申请国国内法的程序和要求申请承认与执行，因为《纽约公约》将裁决当作外国裁决看待，允许被请求执行国对裁决予以审查，以各种理由拒绝承认和执行，因此仲裁裁决能否在被请求执行国得以承认和执行具有不确定性。[①] 相较而言，IC-SID 裁决更具有可执行性。根据《华盛顿公约》的规定，双方当事人不得对裁决提出任何形式的上诉或采取非该公约规定的任何其他补救措施，各缔约国应该将 ICSID 的裁决视为本国国内法院的最终裁决予以承认和执行。由于 ICSID 的裁决具有终局性，并且缔约国慑于世界银行的压力以及国家声誉的考虑，绝大部分的 ICSID 裁决都得到了有效执行。但有时 ICSID 裁决在执行时也会遭到现实上一定的阻碍，主要包括：当被执行财

[①] 郑之杰:《"走出去"的法律问题与实践》，法律出版社 2016 年版，第 232 页。

产在败诉国时，败诉的东道国以本国国内法程序为由拖延履行裁决，例如 2001 年 CMS 天然气传输公司诉阿根廷政府一案；当被执行财产在第三国时，第三国以国内法的主权国家豁免为由拒绝强制执行 ICSID 裁决，例如 1986 年利比里亚东方木材公司诉利比亚政府一案等。[1]

六 ICSID 的优势与劣势

国际投资争端解决中心的优势在于：[2] 首先，ICSID 具有较强的稳定性。ICSID 裁决具有约束力，会被视为缔约国本国法院的最终裁决予以执行，而其他的仲裁机构有关外国投资者与东道国的仲裁裁决需要依据《纽约公约》的国内法进行承认后予以执行。其次，ICSID 机制较为高效。ICSID 秘书处会随时跟进案件的具体进展，所以不会出现久拖不决的情况。最后，ICSID 裁决的承认与执行具有较高的保障，ICSID 的裁决直接援引《华盛顿公约》获得承认与执行，除了主张国家及财产豁免外，ICSID 裁决具有极高的执行力和约束力，缔约国不得以公共政策为由拒绝承认和执行 ICSID 仲裁裁决。

虽然 ICSID 争端解决机制拥有特殊的优越性，但同样也存在一定的弊端。首先，ICSID 的仲裁裁决缺乏一致性。由于不同仲裁员组成的仲裁庭所做的裁决相互独立，同时缺乏上诉机制的监督，仲裁员的自由裁量权与类似案件裁决的连贯性难以保障。有时 ICSID 的仲裁裁决中，对于相同法律实施和条约依据，会得出相互矛盾的裁判结果。其次，ICSID 漠视公共利益。即使东道国政府由于面临严重危机时为了保护公共利益等采取了损害外国投资者利益的情形，仲裁庭可能依然偏重投资

---

[1] 郑之杰：《"走出去"的法律问题与实践》，法律出版社 2016 年版，第 232 页。

[2] 梁咏：《中国海外能源投资法律保障与风险防范》，法律出版社 2017 年版，第 272—273 页。

者,而作出对东道国政府不利的裁决。① 例如,1999—2001 年阿根廷政府由于金融危机导致了一系列的投资争端案件中,以普遍人权为理由对所采取的紧急措施进行抗辩,称其采取的措施是为了维护宪法以及阿根廷人民基本权利和自由所必需的,但仲裁庭最终仍然裁定阿根廷政府败诉。

第三节　中国海外投资争端解决机制的构建

由于一些海外投资国家的法律环境较差,市场化基础薄弱。因此对当前国际投资贸易领域各项通行的、成熟的规则持消极态度,并且许多国家尚未与中国签署双边投资协定或在投资协定中对递交国际仲裁的管辖权做了诸多限制从而不选择直接诉诸既有的区域性或全球性投资争端解决机制。因此,作为全球经济的推动者,应该以中国为首创设一种公平多边、快捷高效的新型国际投资争端解决机制。此争端解决机制,应在充分借鉴和吸收既有的国际争端解决机制有益成分的基础之上,结合海外投资建设的现实所需,采用调解与仲裁相结合的方式,建立自上而下、先民间后官方的争端解决机制,在"东道国"与"投资者"权益保护之间寻求合理平衡,从而切实保障投资者利益以及良好的投资环境,并推动发展中国家更好地融入世界经济。

一　构建中国海外投资争端解决机制的必要性

在海外投资国家中,有些国家市场化基础薄弱,法治意识落后并未同中国签订双边投资条约,或在签订的投资条约中对于递交国际仲裁的管辖权做了诸多限制。并且有部分与中国有投资合作关系的国家未加入或批准 ICSID 公约并未接受 ICSID

---

① 梁咏:《中国海外能源投资法律保障与风险防范》,法律出版社 2017 年版,第 274 页。

的管辖，这些国家对 ICISD 等国际投资争端解决机制普遍采取消极和排斥的态度，对于双方并非均是 ICSID 成员国发生投资争端时则无法提交国际仲裁。此外，既有的国际投资争端解决机制如 ICSID 存在如裁决不一致、缺乏透明度、忽视东道国公共利益等缺陷。目前，国际投资争端解决机制主要由西方英美法系国家所主导，代表发达国家的利益和话语权。而海外投资国家多为发展中国家，受大陆法系的影响较大。若所有投资争端案件交由西方法律文化所主导的仲裁员和仲裁机构进行审理，最终裁决可能会有失偏颇和公正。因此，照搬或直接诉诸现有的区域性或全球性国际争端解决机制存在一定的困难。

综上所述，应在借鉴和吸收现有国际投资争端解决机制有益成分的基础之上，结合海外投资建设的现实需求，秉承相互理解、相互尊重的立场，寻求投资者同东道国利益的合理平衡，切实保障投资者利益和良好的投资贸易环境，同其他国家积极探讨建立快捷高效、公平多边的商事争端解决机制。①

二 构建中国海外投资争端解决机制的整体思路

首先，应建立灵活多样的商事争端解决机制，具体可包括投资、贸易、金融、劳动等争端解决中心，该体系应根据投资贸易合作机制的客观情况，在管辖权、程序、透明度、专业性等方面制定更符合沿线国家特点的争端解决规则和程序。② 通过灵活多样的争端解决机制，提高不同沿线国家对该争端解决规则和程序的接受度和认可度，同时有助于维护仲裁裁决的可执行性。③

---

① 张瑾：《"一带一路"投资保护的国际法研究》，社会科学文献出版社 2017 年版，第 161—162 页。
② 张瑾：《"一带一路"投资保护的国际法研究》，社会科学文献出版社 2017 年版，第 163 页。
③ 张瑾：《"一带一路"投资保护的国际法研究》，社会科学文献出版社 2017 年版，第 163 页。

其次，仲裁应该作为投资争端解决的主要方式。因为国际仲裁拥有明显的优势：① 其一，这种投资争端解决程序遵守所设立的仲裁规则；其二，国际仲裁独立于双方当事人，更大程度地保证裁决的中立性与公平性；其三，国际仲裁在争端解决之前有既定的详细的程序规则；其四，国际仲裁裁决有强制的法律约束力同时注重保护当事人隐私，以及争端解决周期较短等。

最后，海外投资争端解决机制应将协商、谈判、调解和外交保护等作为争端解决的辅助方式。尤其应注重建立将调解与仲裁相结合的争端解决机制，应当将调解程序作为仲裁的前置性程序。如 WTO 争端解决机制中磋商是必经程序，只有经过磋商阶段才能启动专家组审理。据联合国贸易和发展会议统计，以非诉讼方式结案的案件数量占 1987—2017 年全部投资仲裁案件的 23%，可见其作用不容小觑。

三 构建中国海外投资争端解决机制的具体措施

首先，应建立专门的投资争端解决机制，例如成立"一带一路"争端解决机构，为海外投资争端解决提供制度和机构保障。所设立的投资争端解决机构的职责具体应包括：为有投资争端的双方当事人提供磋商、调停和调解等解决方式；启动仲裁程序后，为投资争端的双方当事人提供仲裁员名单以及仲裁程序规则；向争端当事方传达各类文件，并统一管理同投资争端有关的档案材料；对投资争端仲裁结果的执行加以监督等。② 此外，该争端解决机构应避免 ICSID 的裁决缺乏连续性、仲裁程序透明度低以及不重视东道国主权等弊端。

其次，对争端解决的管辖权采取排除性管辖。由于"一

---

① 张瑾：《"一带一路"投资保护的国际法研究》，社会科学文献出版社 2017 年版，第 176 页。
② 李英、罗维昱：《中国对外能源投资争议解决研究》，知识产权出版社 2016 年版，第 177 页。

带一路"沿线的 64 个国家中,有 10 个国家为非 ICSID 缔约国,其余均为 ICSID 缔约国。此外,有 50 个国家为世界贸易组织成员国。由此就会产生争端解决的管辖权冲突问题,即当国家与投资者发生投资争端时既可以诉诸该投资争端解决机构,也可以诉诸 ICSID、WTO 或其他仲裁机构。因而应允许相关国家在发生投资争端后自由选择将争端诉诸哪一机构,但同时应引入岔路口条款,即一旦对争端解决机构作出选择后,该程序具有排他性,投资争端的任何一方当事人均不得再向其他争端解决机构寻求争端解决办法。[1]

最后,该投资争端解决机构应尽量避免对裁决的强制措施,应采取更加灵活的执行措施。虽然采取强制措施能保证裁决的有效执行,提高争端解决机构的公信力。但是与此同时容易挫败参与国的积极性,继而影响海外投资战略的顺利实施。因此,投资争端解决的执行不应过于强制性。可以将参与国的执行情况列入监督程序,并与相关机构的信用评级相关联,以声誉成本或市场机制加以约束,从而避免投资协定无法有效执行的风险。[2]

---

[1] 张瑾:《"一带一路"投资保护的国际法研究》,社会科学文献出版社 2017 年版,第 166 页。
[2] 张瑾:《"一带一路"投资保护的国际法研究》,社会科学文献出版社 2017 年版,第 170 页。

第 六 章

中国海外投资法律保障之法治服务[①]

　　法治是海外投资项目顺利实施的根本保障,而许多国家在法律制度、法系传统、法律文化上的重大差异甚至冲突,对中国的海外投资提出了诸多挑战。为此,要进行法治服务机制创新,首先必须升级法律价值,形成法理共识,探索实现市场自由、公平与安全三者互动的价值整合机制,在根本上实现从西方大国崛起初期奉行的"殖民法"到现阶段的"和平法"再到基于全球正义和共享主义的"发展法"的历史性飞跃。在规范上走出重国际法轻国别法、重中国法轻东道国法、重国际解纷机制而轻多边机制重构三大误区,从国别的官方法和地方习惯法两个层面提升法治服务能力、优化法治服务体系;在国内构建和实施法律共享联席会议机制、国别法律能力提升机制,并与各国共同创设共商的法律服务机制、共建的制度供给机制、共享的法治互惠机制;在模式上,构建国内、区域和国际三位一体的法治服务尤其是律师服务合作伙伴关系。

　　法治是海外投资顺利实施的有力保障。"一带一路"构想自诞生[②]以来,中国在基础设施建设、投资、贸易、金融、旅

[①] 此部分原文刊载于《武汉大学学报(哲学社会科学版)》2018 年第 1 期,作者为汪习根、李曦光。

[②] 习近平:《弘扬人民友谊,共创美好未来——在纳扎尔巴耶夫大学的演讲》,《人民日报》(海外版) 2013 年 9 月 9 日;《携手建设中国—东盟命运共同体——在印度尼西亚国会的演讲》,《人民日报》2013 年 10 月 4 日。2013 年 11 月 9 日党的十八届三中全会审议通过了《中共中央关于全面深化改革若干重大问题的决定》,将推进丝绸之路经济带和海上丝绸之路建设纳入国家行动。2015 年 3 月 28 日国家发展改革委、外交部、商务部联合发布了《推动共建"丝绸之路经济带"和"21 世纪海上丝绸之路"的愿景与行动》。

游文化诸方面与沿线国家和地区的联通日益紧密，成效卓著①，并得到联合国和各国的广泛认同，业已成为国际合作和全球治理的一种新模式。目前，世界上 100 多个国家和国际组织参与其中，30 多个国家同中国共同签署了合作协议。② 2016 年 3 月，联合国安理会第 2274 号决议首次纳入"一带一路"倡议，第七十一届联合国大会 193 个成员国也一致赞同"一带一路"倡议载入联大决议。③ 正如习近平总书记指出的：必须"促进政策、规则、标准三位一体的联通，为互联互通提供机制保障"，通过"参与全球治理和公共产品供给"④ 为海外投资建设提供法治制度保障。

然而，不容忽视的是，许多国家及地区在经济、社会、文化和宪制、立法、执法以及司法制度方面存在着重大的差异甚至冲突，无论是法律制度的包容性，还是法律规范的整合力，抑或是司法救济的共享度，在这一特定场域均处于相对低下的水平，构成对中国"走出去"合作发展模式的巨大挑战与考验，这对通过法治规范来协调利益关系、整合价值冲突提出了崭新的课题，成为当前法治建设亟须解决的一个关键问题。中央《关于开展涉外法律服务业的意见》强调指出：法律服务界应当"为全面提升开放型经济水平提供法律服务"⑤。为此，

---

① 2017 年 5 月 14—15 日，中国在北京主办"一带一路"国际合作高峰论坛。中方对其中具有代表性的一些成果进行了梳理和汇总，形成高峰论坛成果清单。清单主要涵盖政策沟通、设施联通、贸易畅通、资金融通、民心相通 5 大类，共 76 大项、270 多项具体成果。参见《"一带一路"国际合作高峰论坛成果清单》，新华网，http://news.xinhuanet.com/world/2017－05/16/c_1120976848.htm，2021 年 3 月 27 日。

② 许志峰：《奏响共赢曲，引领新繁荣》，《人民日报》2016 年 9 月 7 日。

③ 刘结一：《"一带一路"唱响联合国舞台》，《人民日报》2016 年 12 月 8 日。

④ 习近平：《携手推进"一带一路"建设——在"一带一路"国际合作高峰论坛上的演讲》，《人民日报》2017 年 5 月 15 日。

⑤ 中央全面深化改革领导小组：《关于开展涉外法律服务业的意见》，2016 年 5 月 20 日。

有必要从表面的规范分析深入到法理层面的价值分析,以理念优化为突破口,提升规范构建与运用能力,完善海外投资法治服务体系。

第一节 理念：市场自由、正义与安全的价值衡平

自由主义与保护主义之争始终是困扰当今国际交往的价值聚焦点。为了协调两者关系,WTO、世界银行等国际组织建立了相关的法律制度,① 但是在促进全球均衡公平发展方面的作用是极为有限的,有的还仅仅是一种抽象的原则性规定或建议,如"多哈发展宣言"等。为此,法律服务工作者不仅应充分了解东道国有关投资、贸易诸多方面的国内法律制度,也不只是一般性地运用现有国际规则解决纠纷,还应发掘沿线各国这一特定区域的制度优势和法治价值,全面掌握和灵活运用国际法律渊源尤其是法理价值平衡技巧,谋求正义与自由之间冲突的有效解决之道。因为,从法律史上看,西方大国凭借对外扩张而兴起,这在实质上是依靠侵略与殖民的合法化来支撑与固化的,牺牲了正义而攫取了自身的所谓自由与效益。海外投资建设的生命力在于其所欲实现的自由与效率始终是立足于人类正义与区域公平发展的基础上的。从法哲学上看,娴熟地掌握与灵活地运用社会正义与市场自由的平衡术是彰显海外投资活力的高层次技艺。彻底摒弃西方早期的"殖民法",也不

---

① 主要包括《解决国家与他国国民之间投资争端的公约》(Convention on the Settlement of Investment Disputes between States and Nations of Other States)、《多边投资担保机构公约》(Convention Establishing the Multilateral Investment Guarantee Agency),以及世界贸易组织框架下相关协议及条款,如《与贸易有关的投资措施协议》(Agreement on Trade-Related Investment Measures, TRIMS)、《服务贸易总协议》(General Agreement on Trade in Service, GATS)、《贸易有关的知识产权协议》(Trade-Related Aspects of Intellectual Property Rights, TRIPS)。

一味囿于国际社会当下高喊的"和平法",而是不失时机地打出基于在共同发展和安全发展前提下实现自身自由与效率最大化的"发展法"这一底牌,通过法治理念的创新来实现海外投资建设法治制度与服务体系构建上的根本突破。这作为一个基础性议题,具有风向标的重大意义,应当引起高度重视。

一 以实质正义为核心,实现社会公平

合作共赢是海外投资的魅力所在。推进海外投资建设,要"聚焦发展这个根本性问题",① 因此应致力于构建全方位、多层次、复合型的互联互通网络,进而推动沿线各国发展战略的对接与耦合。② 而促进社会公平始终应当以和平合作发展为依托,以发展机会均等和发展成果共享为落脚点,实现各国人民的平等发展权利。1986年联合国大会第41/128号决议通过了《发展权利宣言》,指出发展权是一项基本人权,大小各国的发展机会均等是发展权的核心。2016年12月1日,国务院新闻办公室发布了《发展权:中国的理念、实践与贡献》白皮书,指出作为发展权的倡导者、践行者和推动者,中国愿与国际社会一道,共同分享实现发展权的理念和经验,推进世界人权事业健康发展,为进一步提高各国人民发展水平,建设人类命运共同体,作出自己应有的贡献。③ 中国海外投资建设的吸引力和凝聚力正是基于以实质正义来统筹国际与国内两个大局、让发展成果和发展权利为各国人民共享。而以制度、规范与规则为基础形成的全球公共产品是公平分享海外投资建设成

---

① 习近平:《携手推进"一带一路"建设——在"一带一路"国际合作高峰论坛上的演讲》,《人民日报》2017年5月15日。
② 杜尚泽、胡泽曦:《共商共建共享之路》,《人民日报》2016年10月3日。
③ 国务院新闻办:《发展权:中国的理念、实践与贡献》白皮书,人民出版社2016年版。

就的根本标志和保障,应当通过建设和开拓法律服务体系的新领域来推进区域和国际的实质正义。主要分为以下三个方面:

(1) 发展援助(Official Development Assistance)。发展援助是指发达国家或经济发展状况良好的发展中国家及其附属机构、有关国际组织、企业、基金会等社会团体,通过提供资金、物资、设备、技术、项目、人员等形式,帮助不发达国家发展经济和提高社会福利的活动。[1] 发展援助的范围涉及经济建设、教育文化、医疗卫生、农业科技、环境保护等诸多方面。中国坚持相互尊重、平等相待、合作共赢、共同发展的原则,把中国人民的利益同各国人民的共同利益结合起来,支持和帮助发展中国家特别是最不发达国家减少贫困、改善民生、改善发展环境,推动建设人类命运共同体。[2] 虽然发展援助是以提高社会福利的人道主义为目标,具有慈善性和非营利性等特征,属于道德调整的范畴,但与法律同样具有密切的关联。例如,发展援助的项目均以合同的形式来规范双方的权利义务、派遣到海外的技术或劳务人员自身的权益及其与外方的关系都离不开法律的确认与调节,对发展援助的项目实施需要进行法律监督等。

因此,中国在对一些不发达国家实施发展援助时,在项目

---

[1] 李小云:《国际发展援助概论》,社会科学文献出版社2009年版,第2页。

[2] 中国于2017年5月举办的"一带一路"国际高峰论坛发布成果清单,指出中国政府将加大对沿线发展中国家的援助力度,未来3年总体援助规模不少于600亿元人民币。其中,向沿线发展中国家提供20亿元人民币紧急粮食援助。向南南合作援助基金增资10亿美元,用于发起中国—联合国2030年可持续发展议程合作倡议,支持在沿线国家实施100个"幸福家园"、100个"爱心助困"、100个"康复助医"等项目。向有关国际组织提供10亿美元,共同推动落实一批惠及沿线国家的国际合作项目,包括向沿线国家提供100个食品、帐篷、活动板房等难民援助项目,设立难民奖学金,为500名青少年难民提供受教育机会,资助100名难民运动员参加国际和区域赛事活动。同时,在教育、文化领域加大定向援助的力度。参见《"一带一路"国际合作高峰论坛成果清单》,新华网,http://news.xinhuanet.com/world/2017-05/16/c_1120976848.htm,2020年6月27日。

前期、项目中期以及项目后期需要法律服务工作者提供全面的、高水准的法律服务，以进一步提高发展援助的效率，保证发展援助的顺利推进。具体包括如下几个方面：[①] 第一，进行可行性论证。法律人员应对东道国的基本国情、政治环境、经济状况、产业结构以及发展援助环境进行调查，研究该国相关法律政策及双方缔结和共同参与的双边、多边条约情况，并联合海内外的咨询师、会计师、评估师、财务分析师、技术顾问、保险顾问、环境专家等专业人员，搭建综合性的资源配置服务平台，并出具专业评估报告和法律意见书。第二，提供法律咨询。结合海外发展援助的专业领域知识，对相关的法律政策进行阐释，全面考虑项目有关的市场准入、产权确认、税务和合同等问题，提供最优的项目实施操作方案。第三，参与项目谈判，出具法律意见。协助或直接参与发展援助项目谈判并控制谈判过程中的法律风险，对各种投融资安排提出建议和交易结构的合法性分析。第四，起草、审阅和修改项目运行不同阶段的法律合同等法律文书。建立事前提早防范、事中严格管理、事后全面监督的合同风险防控机制，做到识别、预判、规避和化解各种法律风险，实现对重大工程合同谈判、制订、签署、履行、变更的全程闭环监督。[②] 第五，协助项目审查。及时关注东道国相关法律政策的变化，协助海外发展援助项目审批、审查、信息披露与监督实施诸方面的工作。

（2）技术转移（Technology Transfer）。共同发展的根本动力在于技术创新，技术转移是国际社会采用的促进发展创新的重要方式，通过技术转移实现自身利益并以此推进东道国的发展。2016年，申请人在中国首次提交专利申请后，又在"一

---

① 陈文：《"一带一路"下中国企业走出去的法律保障》，法律出版社2015年版，第326页。

② 郑之杰：《"走出去"的法律问题与实践》，法律出版社2013年版，第208页。

带一路"沿线国家（不含中国）提交的 4834 件专利申请中，85% 的申请人是中国企业。[①] 如何利用知识产权的巨额存量以及未来的巨大创新潜能投身"一带一路"建设，值得法律人深思。第一，全方位进行产权的域外法律确认与界定。帮助企业或研发者最大限度地利用投资国或国际知识产权法律规则进行权利确认，直到今天依然不容忽视。否则，一旦涉嫌侵权，便会使本应获得的受益遭受巨大损失。[②] 第二，全程跟踪管理技术转移。在项目谈判、合同草拟与审查、执行与实施以及受益分配与实现各个环节，依法依规开展法律服务工作。在进行技术转移的过程之中，法律服务工作者应充分了解东道国有关知识产权方面的法律规定，全面把握东道国在知识产权审查标准、保护期限、技术性贸易壁垒等方面的特殊规定，积极运用中国同所涉国家签署或共同参加的与知识产权保护有关的双边协定或国际公约，并从主动申请和预警防范两个方面为企业"走出去"保驾护航，从而有效防范企业在海外知识产权纠纷的发生，提高企业面对知识产权纠纷的反应能力，降低中国企业海外投资贸易风险与成本的防护措施。[③] 第三，优化技术转移的法律价值观。因为海外投资国家知识产权保护水平存在区域差异，中东地区明显低于东欧。应当本着"互学互鉴，互利共赢"的价值观，帮助落后国家提升知识产权保护层级，切忌帮助企业利用此种差异来套取区际利益。因为互赢是提升

---

① 蔡中华：《"一带一路"建设亟须知识产权护航》，《知识产权报》2017年5月17日。

② 如果中国企业在未开展专利布局的情况下进军海外市场，将面临较大的知识产权侵权风险。例如，2014年，北京小米科技有限责任公司（下称小米公司）因涉嫌侵犯爱立信所拥有的8件专利权，被印度德里高等法院作出"临时禁令"，禁止小米在印度市场销售、推广相关产品（参见蔡中华《"一带一路"建设亟需知识产权护航》，《知识产权报》2017年5月17日）。

③ 张长立：《"一带一路"背景下中国海外知识产权保护路径研究》，《科学管理研究》2015年第5期。

创新能力的唯一正道。①

（3）能力建设（Capacity Building）。能力建设是指帮助受援助国提高自身的发展能力，此所谓"受之以鱼不如授之以渔"，使不发达国家自身具备发展的后劲和潜力，而非一味依赖外部资金援助。能力建设主要包含以下四个方面：①教育援助。重点资助发展义务教育，提高相关国家儿童的文化教育水平。②技术培训。通过对技术的运用和掌握来提高发展的水平和能力。③项目援助。通过项目收益达到可持续发展的目的。④经验分享。通过在海外投资国际合作高峰论坛进行主题探讨、建立网络平台等形式，将中国好的发展模式和经验进行分享，使受援助国得以借鉴和受益。

以上与能力建设有关的问题以往更多属于社会学、经济学、伦理道德等领域所研究的范畴，但事实上同样涉及法律问题。例如中国为不发达国家提供资金创办学校，由中国政府部门为受援助国家的工程师、技术人员、农民等提供免费来华接受培训的机会等，都需要中国同受援助国家通过签订协议的形式来开展。一方面要规定援助国一方向受援助国一方提供免费的资金、技术和经验，另一方面要明确受援助国一方应履行的相应义务，要保证将掌握的技术和经验付诸实践，并对其效果进行监督和评估。同时，当地政府应当信守承诺，对能力建设项目提供配套的资金和基础设施，这就涉及合同中的权利义务问题。因此，律师对于能力建设项目合同的管理应达到如下要求：一是法律层面，明确援助国和援助对象的权利义务；二是运营层面，保证项目高效有序顺利运转，并对项目的各个环节进行有效监督；三是收益层面，保证达到提高受援助国自身发

---

① 中东七国（沙特、阿联酋、卡塔尔、巴林、阿曼、科威特、埃及）的知识产权保护能力相对薄弱。东欧六国（波兰、捷克、斯洛伐克、匈牙利、保加利亚、罗马尼亚）的知识产权执法力度普遍较大（罗培新：《"一带一路"所需要的高品质法律人才"长"什么样》，《解放日报》2017年7月4日）。

展能力的目标；四是信息层面，确保合作双方之间以及外部法律、政策等信息的对称。同时，由于对不发达国家进行能力建设属于公益项目，因此，中国应大力发展公益律师以对海外投资建设的公益项目提供优质的法律服务，保障项目开发和建设的顺利进行。

二 以和平安全为条件，保障市场自由

中国海外投资的国家多为发展中国家和新兴经济体，而这些国家或地区的投资环境不稳定，投资风险系数很高。许多国家政府的频繁更迭与政局的不稳定、资源的短缺与价格的高涨、法律与政策的变幻无常、投资保护主义和民族主义的盛行、环境污染问题严重等诸多因素使得境外投资项目在东道国面临极大的风险，对中国海外的投资和贸易合作构成巨大的威胁和挑战。[①] 因此，应加强对风险的评估和管控。具体包括以下三个方面：

（1）宪政评估。不少国家奉行西方宪政制度。中国企业对外直接投资主要集中于基础设施建设、矿产能源等领域，该类项目具有投资金额大、投资周期长、易受政治风险影响等特点。而许多国家内部权力争夺激烈、民族矛盾激化，导致权力冲突与政权更迭频繁，从而严重影响该国政局的稳定性，政治风险系数颇高。在一定意义上，政局不稳是阻碍投资发展进程的根本因素，近年来中国高铁海外投资项目碰壁的一个不可忽视的原因是对投资国政治风险评估不足。法律服务应当在重视经济与民商事法律问题的同时更加重视沿线国的宪法与宪政制度，深入分析与准确预测宪法实施与政局走势，吃准吃透沿线国家的宪法、行政法，对该国的国体、政体以及政治安全进行

---

① 陈文：《"一带一路"下中国企业走出去的法律保障》，法律出版社2015年版，第272页。

宪法意义上的审查，对该国的政局稳定性提供评估建议。而这些正是以往囿于法条对号入座进行法律服务所忽视了的重大问题，必须引起足够的重视，纳入到法律服务的首要领域。唯有通过对投资贸易伙伴国的宪政评估，从而衡量该国的政权的稳定性、当权政府的变更或更迭的可能性、改革范围及强度、法治情况，才能确保中国企业未雨绸缪、充分认识可能面临的政治风险并制定预防与化解的有效方案。

（2）安全评估。许多海外投资国家主要集中在多民族、多文化的中东、东欧、拉美和非洲，这些地区民族矛盾尖锐、恐怖袭击频发、政权动荡，时常出现局部武装冲突等事件，严重威胁中国企业海外投资利益及海外劳务人员的安全。[1] 中国在加强国际经贸合作的同时同样会受到跨国犯罪问题的困扰。近些年，跨国有组织犯罪活动日益猖獗，严重影响各国经济发展和社会稳定。这些违法犯罪活动对海外投资建设造成的严重威胁值得引起高度重视，应当将安全风险评估作为重大项目可行性论证与评估的法定步骤，使其成为政府和公司法律顾问工作的必不可少的内容，纳入法定的考评指标体系，严格监督执行。

（3）环境评估。近年来，随着海外投资建设的不断推进，中国企业海外投资的步伐随之加快，西方媒体对"环境威胁论"不断热炒。如果对东道国的环境保护重视不够，势必会产生严重后果。

《推动共建丝绸之路经济带和21世纪海上丝绸之路的愿景与行动》提出，在投资贸易中突出生态文明理念，加强生态环境、生物多样性和应对气候变化合作，共建绿色丝绸之路。总体而言，中国生态法治意识水平日益提高，环境资源保护水

---

[1] 曹卫东：《中国"一带一路"投资安全报告（2015—2016）》，社会科学文献出版社2016年版，第66页。

平不断提升。但是，在海外经济贸易合作中，依然存在严重问题，被归纳为主要表现在"中国企业普遍缺乏环境和社会风险意识及管控能力，存在较强的国内运作惯性思维"，"有关部门发布的《对外投资合作环境保护指南》相对原则化，缺乏操作细则"、"在项目前期简化甚至省略环境和社会影响评价"。① 而这势必导致对中国企业的环境强制风险②、环境诉讼风险以及"缺乏诉诸投资者—国家仲裁救济手段的风险"剧增。③ 为此，首先，强化环境风险意识。协助政府和企业树立牢固的域外环境法治意识，敦促各方积极遵守东道国有关环境方面的法律和政策性规定，充分认识环境风险评估与预防的必要性、紧迫性和强制性，积极投身到保障"绿色投资"战略实施的实践之中；其次，识别环境法律风险的类别。应当全面掌握和熟练运用东道国环境保护法律法规和参加的国际环境保护条约，认清哪些是引导性条款，哪些是命令性条款或禁止性条款，哪些是责任性条款，制定环境准则，明确不同环节、步

---

① 朱源、施国庆：《实施"一带一路"战略要充分考量环境因素》，《中国环境报》2015年11月17日。

② 即使是一些相对落后的国家，近年来也都开始加大依法保护环境的力度。例如，2010年肯尼亚宪法确认人民"拥有清洁和健康环境"的宪法权利（see Brian Sang Y. K., "Tending Towards Greater Eco-Protection in Kenya: Public Interest Environmental Litigation and Its Prospects Within the New Constitutional Order," *Journal of African Law*, February 2013, p. 1 – 28, http://journals.cambridge.org/action/displayFulltext? type = 1&fid = 8825969&jid = JAL&volumeId = - 1&issueId = - 1&aid = 8825967&bodyId = &membershipNumber = &societyETOCSession = ）。2010年5月，秘鲁通过了《原居民或当地人的事前会商权法》（*Law on the Right to Prior Consultation for Indigenous or Native Peoples*），规定公司必须在公听会上介绍其采取的强制性环境影响评估，而当地群众可以提问及表示异议，公司对这些提问及异议必须予以考虑（see Barbara Kotschwar, Theodore H. Moran and Julia Muir, "Chinese Investment in Latin American Resources: The Good, the Bad and the Ugly," Working Paper, Peterson Institute for International Economics, February 2012, p. 11）。参见韩秀丽《中国海外投资中的环境保护问题》，《国际问题研究》2013年9月30日。

③ 韩秀丽：《中国海外投资中的环境保护问题》，《国际问题研究》2013年9月30日。

骤和领域的环境法律义务和法定责任以及履责不能或不全可能带来的最大环境风险。最后，完善经济行为的环境法律评估机制。有效预防与化解环境风险是环境法治建设的重中之重，为此，要构建风险预测、警示、预防与补救四大方面的机制，切实加强域外环境资源法律执行能力建设，强化依法自主管理环境资源风险的能力，在确保环境安全的前提下实现经济自由发展与经济效益最大化。

第二节　规范：法律服务体系优化的破冰之旅

国际法治、区域法治与国内法治的联动是海外投资法治服务体系形成规范共识与练就制度技艺的基础。例如，"一带一路"沿线国家所涉及的法律体系远远超过世界上任何一个多边或区域经济合作组织，世界上五大法律体系均涵盖其中。其中，属于大陆法系的有 36 个国家，伊斯兰法系 4 国，英美法系 3 国，混合法系 22 国；而且印度法系和中华法系的影响至今依然存在。[①]

[①] "一带一路"沿线国家属于大陆法系的主要有：俄罗斯、乌克兰、白俄罗斯、格鲁吉亚、阿塞拜疆、亚美尼亚、摩尔多瓦、缅甸、哈萨克斯坦、乌兹别克斯坦、土库曼斯坦、塔吉克斯坦、吉尔吉斯斯坦、泰国、老挝、柬埔寨、越南、土耳其、蒙古、希腊、波兰、立陶宛、爱沙尼亚、拉脱维亚、捷克、斯洛伐克、匈牙利、斯洛文尼亚、克罗地亚、波黑、黑山、塞尔维亚、阿尔巴尼亚、罗马尼亚、保加利亚、马其顿；英美法系主要有缅甸、尼泊尔、不丹 3 国；伊斯兰法系有沙特阿拉伯、阿联酋、阿富汗、马尔代夫 4 国；混合法系包括新加坡（英美法系和伊斯兰法系）、马来西亚（英美法系和伊斯兰法系）、印度尼西亚（大陆法系和伊斯兰法系）、巴基斯坦（英美法系和伊斯兰法系）、文莱（英美法系和伊斯兰法系）、菲律宾（大陆法系和英美法系）、伊朗（伊斯兰法系和大陆法系）、伊拉克（伊斯兰法系和大陆法系）、叙利亚（伊斯兰法系和大陆法系）、约旦（伊斯兰法系和大陆法系）、黎巴嫩（伊斯兰法系和大陆法系）、以色列（英美法系、伊斯兰法系和大陆法系）、巴勒斯坦（伊斯兰法系和大陆法系）、也门（英美法系、伊斯兰法系和大陆法系）、阿曼（伊斯兰法系和大陆法系）、卡塔尔（英美法系、伊

面对如此纷繁复杂且体系庞大的法律制度规范群,任何一个法律服务机构或人员都无法做到穷尽其所有。因此,中国应改革现行的法律服务尤其是律师制度,促进分工合作和专业化建设,以全面掌握相关国家和地区的法律规范体系为基础,并进行制度和行为上的调整和适应[①],切实加大法律服务工作者的涉外法律知识储备量以更好推动海外投资的法治建设。其中,关键是以国别法为知识基点来强化法律服务体系的规范性能力建设,以国际法为链接纽带来增进法律服务体系的救济性能力。

中国企业在海外参与投资建设必然面临与国内不同的法治生态环境,各层面的法律法规和各种市场规则相互交织,政治、安全、法律风险等多种因素错综复杂。为避免企业在东道国遭遇到不必要的法律风险和发展障碍,法律服务必须站在前列,重点关注东道国的投资、贸易、建筑、劳工、知识产权、财税金融等方面的法律法规,确保企业在东道国合法投资经营,保障海外投资建设的顺利有序进行。[②]同时,还应全面了解东道国有关知识产权、环境保护、争端解决、国际司法协助

(接上页)斯兰法系和大陆法系)、科威特(伊斯兰法系和大陆法系)、巴林(英美法系、伊斯兰法系和大陆法系)、塞浦路斯(大陆法系和英美法系)、埃及(伊斯兰法系和大陆法系)、斯里兰卡(大陆法系和英美法系)、孟加拉(伊斯兰法系和英美法系);印度法系和中华法系。需要说明的是,随着历史的演进,中华法系和印度法系已经不复存在,中国已经建立了中国特色社会主义法律制度,不少国家也逐步改变了自身的法律传统,融合了两大法系的某些因素。Cf. JuriGlobe, Legal Systems Classification, Faculty of Law of the University of Ottawa, see http：//www. juriglobe. ca/eng/sys-juri/index. php, accessed by 27th June, 2017. Central Intelligence Agency, The World Factbook-Legal system, Washington, DC, see https：//www. cia. gov/library/publications/the-would-factbook/fields/2100. html, accessed 27th June, 2020.

① 何志鹏:《"一带一路"与国际制度的中国贡献》,《学习与探索》2016 年第 9 期。

② 在这方面的相关成果主要参见《一带一路沿线国家法律风险防范指引》系列丛书编委会《一带一路沿线国家法律风险防范指引(印度尼西亚)》,经济科学出版社 2015 年版;江苏省南通市司法局、上海对外经贸大学:《"一带一路"国家法律服务和法律风险指引手册》,知识产权出版社 2016 年版;中华全国律师协会:《"一带一路"沿线国家法律环境国别报告》,北京大学出版社 2017 年版。

等方面的法律制度以及两国共同签署或加入的双边投资保护协定、避免双重征税协定、区域自由贸易协议和相关国际公约。此外，除了上述"官方法"，应当充分认识到"民间法"在沿线国家的意义远远大于其他地区。在全面掌握和积极运用东道国国家层面法律法规的同时，还应重视了解所在区域或少数民族当地的地方法、少数民族法和宗教法。

建立精准、有效和可操作性强的海外投资法律服务机制，离不开国别法和国际法的双重运用能力，而能力提升及其所设计的法律专门人才培养又是重中之重。对此，可以从国内和国际两个层面进行制度构建与效果固化。

一 国内机制

国内机制包括：第一，法律共享联席会议机制。改变以往将法律服务仅仅当作律师、公证、法律顾问提供服务的偏狭观点，克服法律服务主要是司法部主管事项的一般性识见，从国家战略层面来构建法律共享的制度机制。建议在全国人大常委会统一组织协调下，创立由最高人民法院、最高人民检察院和司法部、国资委、发改委、商务部、财政部、中国人民银行及国务院其他相关部委、中国国际经济贸易仲裁委员会、中国海事仲裁委员会、全国律师协会与法律专家共同组成的法律识别、规范共享与风险防范联席会议机制，为查明、掌握、理解与运用海外投资国家的法律制度与法律规范以及预防、提示、化解法律风险提供权威、高效、系统的指引与保障。应当改变各自为政、浪费资源的零散性实践方法，以及简单介绍、低水平重复建设的现状，充分整合现有经验，集中各方力量，深入研究、精准吃透国别法律，实现法律服务效率的最大化和法律服务层级的高端化。第二，国别法律能力提升机制。由中央政法委领导、教育部和司法机关以及国家留学基金委共同参与，制定和实施"海外投资国别法律人才教育计划"。遴选一批重点政法院校，在遵循现有法律专业培养总体方案要求的基础上，专门针对沿线国家的法律进行课程设计、教材编写与课堂教学。可以采用选修课与必修课相结合、课堂教学与实践实习相补充的方法积极有效地推进教学改革，增强针对性和实效性；同时，为解燃眉之急，针对现有法律服务人员，由司法部主导、教育部共同参与，制定和实施"海外投资国别法律服务人员培训计划"，从法律外语、国别法律及其纠纷解决技巧三方面进行专门培训。制定和实施海外留学法律人才资助利用计划。要着力解决好两个方面的问题：一是留学国家布局的均衡性。例如，国家留学基金管理机关可制定《涉外法律人才留学战略规划》，对相关海外投资国家，都应当派出一定比例的法律专业留学人员，以确保深度掌握所在国家的法律体系及其运作方式与运用基本技能。二是留学人员待遇的均等性。现有涉外高端法律人才培养模式主要包括国内培养和国内高校与海外高校联合培养两类，而大量自费留学人员的资助力度和利用潜力尚待加大和发挥。目前，后者更多倾向于在跨国公司、涉外组织就职。与海外投资建设密切相关的国家机关、事业单位和国有企业，由于招聘条件、考试内容与程序方面所限，往往使高水平自费留学人员无法或不愿应聘入职，这无疑是对资源的一大浪费。为此，应当在国家层面进行改革，实施留学法律人才分类支持计划，对公派留学人员和自费留学人员给予同等的国民待遇，确保法律服务工作者在学员结构、学历背景上更加多元化、国际化。

二 国际机制

国际机制主要分为以下三点：第一，共商的法律服务机制。共商机制应当以平等为前提、以互动为手段、以共识为目标，而非试图以某一种法律制度机制归并其他法律制度机制。基于这一理念，共商的法律服务机制可分为事前谈判的服务机制、事中协调的参与机制和事后协商的能动机制，从而形成一个完整的法律服务链条，克服重事后解决纠纷而轻事前防范和事中协调的传统法律思维局限。第二，共建的制度供给机制。制度构建绝不只是立法者和决策者的事情，全体法治队伍尤其是法律服务工作者可以也应当发挥重要作用。海外投资建设不是另起炉灶、推倒重来，而是以"合作协议和行动计划"等形式实现各国之间的"战略对接"与政策协调①，从而实现合作共建的机制化、规范化、法律化。无论是律师、公证人员，还是仲裁、调解人员，抑或法律教育与研究人员，在与政策法律公共产品的供给和运用相关联的实践领域都大有可为，通过超前研究、智库咨询、经验总结、知识分享诸多方式，直接服务于海外投资。第三，共享的法治互惠机制。法治是利益关系的调节器和权利的守护神。海外投资法治建设的成果应当同各国所分享和共有，并得到各国的互相认同、尊重与遵循。共享既是高效发挥现有国际法治机制价值功能的成功法宝，也是实现机制创新的基本条件和价值吸引力所在。只有我们的仲裁裁决经得起国际法治和全球正义的检阅，只有司法协助案件执行得能够赢得各方当事人信任，只有法律调解机制张弛有度、成效突出，我们的法律服务就会树立应有的威信、获得各国的尊重，从而为海外投资筑牢公平正义的防线，积极助推"经济大融合、发展大联动、成果大共享"。②

  法律服务是一项集理论研究、知识运用和经验技巧于一体的高级活动。在高度重视法律事务实践操作的同时，还应当重

---

  ① 主要包括俄罗斯提出的欧亚经济联盟、东盟提出的互联互通总体规划、哈萨克斯坦提出的"光明之路"、土耳其提出的"中间走廊"、蒙古提出的"发展之路"、越南提出的"两廊一圈"、英国提出的"英格兰北方经济中心"、波兰提出的"琥珀之路"等。中国同老挝、柬埔寨、缅甸、匈牙利等国的规划对接工作也全面展开。中国同40多个国家和国际组织签署了合作协议，同30多个国家开展机制化产能合作，同60多个国家和国际组织共同发出推进"一带一路"贸易畅通合作倡议。各方通过政策对接，实现了"一加一大于二"的效果（习近平：《携手推进"一带一路"建设——在"一带一路"国际合作高峰论坛上的演讲》，《人民日报》2017年5月15日）。

  ② 习近平：《携手推进"一带一路"建设——在"一带一路"国际合作高峰论坛上的演讲》，《人民日报》2017年5月15日。

视将法律服务水平提升到一个更高的层级,在超前性、引领性、创新性、高端性四个方面下足功夫,构建一个专门的海外投资法治保障智库,纳入中央领导的国家高端智库之列[①]。应加强海外投资法律话语权构建方面的软实力建设[②],充分运用人工智能、5G 等现代信息化技术建立海外投资国家法律文献数据库和信息资源服务共享平台。联合沿线国家的专家学者和实务界人士组建高水平、跨区域、跨学科的研究团队,打造高层次、具有国际影响力的海外投资国际高端智库,对海外投资法律服务中的重大理论和实践问题进行综合性、战略性和前瞻性的研究,提出有针对性和建设性的咨询报告,在现有基础上组织编纂系统完善的涉外法律服务国际操作指南和海外投资国家法律风险防范国别指南,克服目前类似的成果以粗浅简介为主而不深不透的片面性。同时,加强与不同区域的国际智库机构合作,例如,致力于比较法研究的瑞士比较法研究所和德国马克斯-普朗克外国和国际私法研究所不仅拥有丰富的各国法律藏书,而且对比较法、外国法和国际统一私法有着丰富的研究经验,将会对海外投资国家法律系统的深入研究具有很强的学习和借鉴作用。[③] 此外,切不可忽视与沿线其他国家如阿拉伯、东欧、北非等区域的智库机构的合作,避免仅仅重视与发达国家合作而轻视同欠发达或不发达区域有关机构的协作,从而推进多元法律文化的互动与互鉴。

[①] 2015 年 1 月 20 日,中共中央办公厅、国务院办公厅发布了《关于加强中国特色新型智库建设的意见》,提出到 2020 年目标是"重点建设一批具有较大影响力和国际知名度的高端智库";2015 年 11 月 9 日,中央深改组第十八次会议审议通过了《国家高端智库建设试点工作方案》。

[②] 李鸣:《国际法与"一带一路"研究》,《法学杂志》2016 年第 1 期。

[③] 徐国建:《关于"一带一路"战略实施的若干法律思考》,《中国国际私法与比较法年刊》2015 年第 18 卷。

第三节 路径：构建"三位一体"的法治服务协作格局

我们认为，应当改变简单的双边或多边合作模式，在全球、区域与国别三个层面开创"三位一体"的法治服务协作新局面。

一 国内合作伙伴关系

推进海外投资，中国充分发挥国内各地区比较优势，实行更加积极主动的开放战略，加强东中西互动合作，全面提升开放型经济水平。[①] 目前，中国法律服务业的发展不平衡，以律师为例，北上广深苏的律师数量占全国的30%，创收却超过70%。据统计，2015年律师人均创收为21.7万元，上海约80万元，最低的是西藏人均创收仅为3万元。由此可见，相对东部等发达地区律师而言，中西部地区律师业务水平普遍薄弱，发展较为滞后，对所涉及的海外投资、国际贸易、公司兼并收购、跨国融资活动等高端涉外业务缺乏实际操作经验，应对能力严重不足。然而，海外投资为中西部地区的对外开放提供了广阔的发展空间，中西部地区应充分利用其特有的地缘优势、民族文化优势及自然资源优势，积极同发达地区如北京、上海、香港等地区有经验的涉外律师和律师事务所进行业务合作，整合优势资源，组成高水平、跨区域合作团队，共同为海外投资提供高质量、专业化的法律服务，为企业成功"走出去"进行保驾护航。

同时，由于跨国投资和贸易涉及会计、金融、证券、保险等多个领域，律师在提高自身法律业务水平和拓宽业务范围的

[①] 国家发展改革委、外交部、商务部：《推动共建丝绸之路经济带和21世纪海上丝绸之路的愿景与行动》，2015年3月28日。

同时，应增强主动性、拓展覆盖面、发挥优势、克服短板，积极同涉外法律服务业相关的会计、金融、证券、保险等专业机构开展战略合作。

为了强化协作，可以从以下三个方面创新律师国内合作机制：第一，援助机制。建立律师事务所相互之前的"法律援助"机制，由地方律协之间签署跨区域律师协作协议，保障发达地区或法律服务能力较强区域律师事务所为中西部欠发达区域律师事务所在人员培训、技术提升、案件联办三大方面进行合作。要重视这一机制的制度化、规范化和有序化，在充分尊重市场规律的同时，强化组织引导功能。第二，扶贫机制。应当将对贫困地区律师的"法律扶贫"全面系统地纳入国家精准扶贫战略，在律师派驻、公益服务、能力提升三个领域进行富有成效地扶持。第三，激励机制。通过税收优惠、案源供给、精神褒扬三种方式切实鼓励有条件的律所到中西部地区提供高质量的法律服务。

二　国别合作伙伴关系

中国海外投资涉及许多有关能源、交通、通信等基础设施类的重大工程和重大项目，仅靠国内的律师等法律服务工作者难以高效率、高质量地完成相关法律服务。因此，应当与所涉国家开展法律服务合作，充分发挥各自的专业、语言、文化、地域、资源和信息优势，从而妥善处理各类法律问题，切实维护企业的合法权益。并且，应进一步加强与对方国家开展法律服务行业的交流活动，例如互派法律人员到国外院校、律所、法院进行培训交流等。[①] 近年来，中国法律服务行业的交流合作亦取得了阶段性成果。新加坡、阿联酋等国家的律师事务所已在中国建立了9家代表处，中国的律师事务所在蒙古、越

---

① 陈清霞：《"一带一路"建设起航，法治保障应快步跟上》，《人民法院报》2016年4月5日。

南、吉尔吉斯斯坦等国设立了 4 家代表处。① 中国司法部分别为塔吉克斯坦和吉尔吉斯斯坦两国举办了法律服务管理人员培训班。当然，这些早期的探索主要是与沿线国家的相关机构进行的初步协作或者对沿线国家法律制度进行的概要性的介绍。从长远看，应当在充分吸收已有成功经验的基础上，建立常态化、制度化和精细化的国别合作机制，在以下四个方面开展富有成效地协作：①交流访问。通过司法行政管理机构或律协的组织领导或协调主导，建立律师的双边交流机制，通过实地考察、观摩、参访的方式加深合作。②人才培养。可以由中央政法委领导，司法部、教育部将海外投资国家律师、仲裁、公证队伍建设纳入"卓越法律人才培养"系统之中。③业务合作。目前，法律服务"走出去"主要是与欧美发达国家律师事务所、仲裁等有关机构进行合作。这无疑是十分必要的。但是，也不可忽视与发展中国家的协作。尽管有的国家法治水平尚待提高甚至相对低下，但是，就国别法而言，东道国律师、仲裁、公证人员对本国法律运用的熟练程度与水平显然是外来者所不能比拟的，一旦涉及适用沿线国国内法的情形，此类协作便彰显出独特的力量。④项目跟踪。建议对重特大项目建立"一案双师"制度，即对于投资贸易的合作时间长、工程量巨大、涉及巨额资金的项目，国家行政主管部门可以通过政策法规的形式明确两个方面的界限和要求：一方面，划定资金或交易额、时间长度、工程量的限度，凡是达到此一底线的，便构成特大或重大项目，此时，应当对有关项目进行法律监控。另一方面，对上述项目，可以根据情况同时聘请中方律师和所在国律师组成法律服务团队，在中方律师主导下及时介入、将风险控制在最小限度之内。

---

① 赵大程：《为"一带一路"建设提供法律服务》，《人民日报》2016 年 11 月 17 日。

三 国际合作伙伴关系

近年来,在法律全球化的背景下,中国法律服务机构的国际合作取得了可喜成就,法律市场的对外开放亦迈出了新的步伐。[①] 但是,在语言、文化、法系、思维模式诸多因素制约下,可以提供高质量海外投资、贸易、金融法律服务的机构与人员明显不足。以律师服务为例,目前在国外出庭高质量代理诉讼或仲裁的国内律师事务所屈指可数。而国际律师事务所凭借其丰富的行业经验、庞大的全球网络、专业的管理水平在国际投资和贸易等高端的法律服务方面拥有强大的优势和国际竞争力。因此,应积极同国际律师事务所建立国际合作伙伴关系。2017年1月9日,司法部、外交部、商务部、国务院法制办联合发布《关于发展涉外法律服务业的意见》。该意见指出支持并规范国内律师事务所与境外律师事务所以业务联盟等方式开展业务合作,以上海、广东、天津、福建自由贸易试验区建设为契机,探索中国律师事务所与外国律师事务所业务合作的方式和机制。[②] 加强中国本土律师事务所同国际顶尖律师事务所的合作,通过资源整合、优势互补为企业提供高品质、全方位跨境法律服务,同时有利于中国律师同国际优秀律师相互借鉴切磋,提升自身专业素质和业务竞争能力,更好地服务

[①] 例如2007年英国路伟律师事务所同美国霍金豪森律师事务所联合国内9家律所组建中世律所联盟。2007年上海元达律师事务所同McDermott Will结盟。2012年金杜律师事务所与澳大利亚万盛国际律师事务所(Mallesons Stephen Jaques)结盟。2013年金杜律师事务所又与SJ Berwin结成全球性战略合作伙伴关系。2015年奋迅律师事务所与Baker Mckenzie律师事务所在上海自贸区(SFTZ)设立中国第一家中外联营律师事务所。2015年大成律师事务所同Dentons律师事务所合并等。

[②] 司法部、外交部、商务部、国务院法制办:《关于发展涉外法律服务业的意见》。

"走出去"战略①。

应当在此条件下,大胆创新体制机制,改变零碎的单一服务模式,系统化构建律师法律服务体系。为此,提出如下建议:

(1) 强化律师联盟。尽管已经认识到建立律师联盟的必要性②,但是,对如何充分整合现有律师协作机制、创设一个富有成效的"律师联盟"协作机制,依然处于探索和尝试阶段。值得注意的是,应当在充分尊重律师自治原则的基础上,强化律师联盟的组织协调功能和运行机制建设,可以考虑设立若干个分委员会,每一个分委员会由主任或主席1名、副主任或副主席若干名、常务理事若干名以及全体理事组成;明确该联盟的职能职责,构建紧密合作型、松散交流型、业务合作型、对口服务型四种不同的联盟关系模式,真正发挥联盟的作用,切忌有名无实式的联盟。

(2) 设立配套机制。在现有区域经济贸易文化合作框架下创设与之相匹配的律师协作分支机制,直接服务于所对应的合作机制。可以充分利用上海合作组织、中国—东盟(10+1)、东盟与中日韩(10+3)、东亚峰会、中日韩合作、亚太经合组织、亚欧会议、亚洲合作对话、亚信、中阿合作论坛、中国—海合会战略对话、大湄公河次区域经济合作、中亚区域经济合作等现有平台的优势,以此为依托建立法律服务双多边、区域合作机制,增加律师合作新内涵,构建律师法律服务

---

① 2017年5月中旬,来自俄罗斯、英国、法国、澳大利亚、印度、南非及中国香港、中国台湾等十几个国家和地区的近百名律师行业的领袖会聚前海,与国内各地律师共商"一带一路"法律服务合作,探讨多边法律服务交流合作新模式,旨在搭建一个服务于一带一路的以华语律师为主体的全球性法律合作平台。参见唐荣《多国律师共商"一带一路"法律服务合作》,《法制日报》2017年5月17日。

② 金慧慧:《中华全国律协拟建立"一带一路"律师联盟》,新华网,http://news.china.com.cn/txt/2017-04/27/content_40703549.htm,2020年6月27日。

领域的国际沟通协作机制，凝聚共识，实现互利共赢。

（3）创立常设论坛。由律协、高等院校、科研机构联合，建立涉外律师法律服务常设论坛①，可以选取投资、贸易、金融、工程法律服务以及诸如劳工、人权、环保之类的相关性主题进行深度而持续地交流，为提高服务水准与质量打下坚实的基础。

（4）分享国际话语。目前，海外投资纠纷的解决主要依托现有的国际投资、贸易仲裁机制，而现有的相关机制基本上为英语世界所创立和掌控。尽管近年来中国已经有人跻身于这些机构担任仲裁员，但是无论是在人员比例还是实际被选中或指派参与纠纷解决的人员数量上都十分不理想。我们认为，有两个办法可以解决这一问题：其一，与中国现有的国际、海事以及国内商事仲裁机制联手，自设海外投资纠纷解决机制，让更多的中国律师直接参与其中，掌握公平地解决国际纠纷的主动权。应当指出的是，中国自设的这类机构的吸引力和权威性的提高还有待时日，服务于跨国投资的能力尚需进一步提升。其二，创造国际高端法律人才成长与提升其国际认可度和参与度的内外部条件。激励和保障律师有效参与国际纠纷解决机制，在内在能力建设和外在制度保障两方面加以刺激和促进。在能力上，建立涉外高端律师能力提升制度，发展与国际或国外主流争端解决机构的双边合作关系，鼓励律师在海外主流纠纷解决机构实习、见习，或者邀请上述机构人员到中国举办讲座、开展法律实务培训与交流；在保障上，采取资金补贴、税收减免、简化审批程序的优惠措施，鼓励中国律师到国际或国外主流争端解决中心任职、为中国律师事务所在海外设立分支

---

① 随着中国参与国际交往日趋频繁，很多与法律相关的组织、机构和平台（也包括论坛），我们了解和参与的越来越多。但是反观国内，中国一直没有一个与国家发展、法治进步相匹配的法治论坛（参见王俊峰《加强"一带一路"法治保障发起设立国际性法治论坛》，光明日报网理论频道，http：//theory.gmw.cn/2016/03/14/content_ 19281664.htm，2021年3月12日）。

机构或开展海外业务提供优惠待遇。

总之，涉外法治服务体系的优化需要实现三个转变：一是从方法到制度。从个体效率导向的单一方法深化为制度本源性归因与求解思维，通过创设法律共享联席会议机制和国别法律能力提升机制，优化国内制度建设；通过创设共商的法律服务机制、共建的制度供给机制以及共享的法治互惠机制，疏通国际法律制度供给渠道。二是从价值到话语。通过在经济利益、社会公平和市场自由三者之间的价值互动与平衡，优化话语权的分配模式，以全球公信力或者至少区域公信力为基点，打造国际纠纷解决程序性机制的中国版本，为"一带一路"提供强制性保障。三是从客体到主体。主体的法治能力是法律服务质量的关键，应当从以"事"为主转向以"人"为主，在重视项目建设的同时重点提升主体能力，创新服务于涉外法治人才培养和内外联动的协作体系，在全球、区域与国别三个层面创建"三位一体"的法治服务协作新格局，实现从西方大国的"殖民法"到当下的"和平法"，再到基于社会正义与自由效率之互动的"发展法"的革命性飞跃，从而实现中国法治服务的一次全面升级。

附　　录

附录一　和平解决国际争端公约

第一编　普遍和平的维持

第一条　为了在各国关系中尽可能防止诉诸武力，各缔约国同意竭尽全力以保证和平解决国际争端。

第二编　斡旋和调停

第二条　各缔约国同意，遇有严重分歧或争端，如情势允许，在诉诸武力之前应请求一个或几个友好国家进行斡旋或调停。

第三条　不论有无此项请求，各缔约国认为，由一个或几个与争端无关的国家在情势许可的情况下，主动向争端当事国家提供斡旋或调停，是有益的和可取的。

与争端无关的国家，即使在敌对过程中，也有权提供斡旋或调停。

争端的任一方绝对不能将此项权利的行使视为不友好的行为。

第四条　调停者的作用在于协调对立的要求并平息争端各国之间可能发生的不满情绪。

第五条　一俟争端的一方或调停者本身宣布他所建议的和解办法未被接受时，调停者的职能即告终止。

第六条　斡旋和调停，无论出自争端国的请求，或出自与争端无关的国家的主动,都只具有建议的性质,绝无拘束力。

第七条 接受调停,除非有相反的协议,并不具有中止、推迟或阻碍动员或其他战争准备措施的作用。

如调停发生在敌对行为开始后,除非有相反的协议,进行中的军事行动无须停止。

第八条 各缔约国同意,在情势许可的情况下,建议适用一种特殊的调停,其方式如下:

遇有足以危及和平的严重纠纷时,争端各国各自选择一国并赋予与另一方所选择的国家进行直接联系的使命,以防止和平关系的破裂。

此项使命的期限,除有相反的协议,不得超过30天。在此期限内,争端各国停止有关争端问题的任何直接联系,此项争端应视为已全部移交各调停国。调停国必须尽一切努力以解决纠纷。

遇有和平关系确已破裂时,这些国家均负有利用一切机会以恢复和平的共同任务。

第三编 国际调查委员会

第九条 凡属既不涉及荣誉,也不影响基本利益,而仅属对于事实问题意见分歧的国际性争端,各缔约国认为,由未能通过外交途径达成协议的各方在情势许可的情况下,成立一国际调查委员会,通过公正和认真的调查,以澄清事实,从而促进此项争端的解决,将是有益的和可取的。

第十条 国际调查委员会由争端各方通过一项专约组成。

调查专约规定需要审查的事实,并规定委员会组成的方式和时间以及委员的权限。

在需要时,专约也规定委员会的会址以及可否迁移到另一地方,委员会使用的语言和委员会准许对它使用的语言,以及各方应提交关于陈述事实的日期,总之,各方同意的一切条件。

如各方认为有必要任命助理员,则调查专约应规定任命的方式及其职权的范围。

第十一条　如调查专约没有规定委员会的会址，委员会应设在海牙。

会址一经确定，除非当事各方同意，委员会不得变更。

如调查专约未规定使用的语言，则由委员会予以规定。

第十二条　调查委员会的组成，除另有规定外，应遵照本公约第四十五条和第五十七条的规定。

第十三条　委员或助理员因死亡、退休或因故出缺，应按照其任命的方式予以补缺。

第十四条　当事各方有权任命特派人员出席调查委员会，其任务是代表本方并作为各方和委员会之间的中间人。

此外，各方有权聘请由他们指派的顾问或律师向委员会陈述他们的理由和维护他们的利益。

第十五条　常设仲裁法院国际事务局应作为设在海牙的各调查委员会的秘书处，并将其办公处所和工作人员供缔约各方使用，以便于调查委员会进行工作。

第十六条　如委员会设在海牙以外的地点，它应任命一秘书长，并以其办公处作为其秘书处。

秘书处受主席领导，其职责是为委员会会议做好必要的安排，作出记录，并在调查期间保管档案。此项档案随后将移交给海牙国际事务局。

第十七条　为了促进调查委员会的组成和工作，各缔约国建议在各方未采纳其他规则前，下列规则将适用于调查的程序。

第十八条　委员会应规定调查专约或本公约中未曾规定的程序的细节，并安排有关处理证据的一切手续。

第十九条　调查应听取双方意见。

在规定的日期，当事每一方应向委员会和另一方送达事实的说明书，如果有的话。在一切情况下，应送达它认为对判定真相有用的文件、证件和资料，以及它希望出庭作证的证人和鉴定人的名单。

第二十条　委员会有权在当事国同意下，临时迁移到它认为对此种调查方法有用的地方，或派一位或几位委员到那里。但必须取得进行此项调查的所在地国家的许可。

第二十一条　每一项调查和对现场的调查应在当事国代理人或律师出席下或在他们已被正式传唤以后进行。

第二十二条　委员会有权要求当事国一方或另一方提供它认为有益的那些解释或资料。

第二十三条　当事各方应尽可能充分地向调查委员会提供一切必要的手段和便利，以使该委员会对有关事实获得完全的了解和正确的估计。

各方承允按照各自国内法掌握的方法以保证经委员会传唤的处于它们领土内的证人和鉴定人出席。

如上述证人或鉴定人不能出席委员会，各方将安排他们到其所属国家的主管官员面前作出他们的证词。

第二十四条　委员会如需在第三缔约国领土内办理各项通知书时，应直接向该政府提出申请。在现场进行采证，也应照此办理。

为此目的而提出的申请应按照被申请国的国内法规定的方式办理。申请书不得予以拒绝，除非被申请国认为此项申请在性质上有损于它的主权或安全。

委员会也始终有权通过该会所在地国来办理。

第二十五条　证人和鉴定人应依照当事国的申请或委员会自己的动议予以传唤，并且在一切情况下，须通过上述人员所在地国政府传唤。

证人应在代理人和律师出席下按照委员会所规定的顺序，循序和分别作证。

第二十六条　对证人的询问由主席主持。

委员会委员得向各证人提出他们认为适当的问题，以便对证词加以澄清或补充，或在弄清真实真相的必要限度内，了解与证人有关的任何问题。

当事国代理人和律师不得打断证人作证,也不得直接向证人提出任何质询,但可以请求主席向证人提出他们认为有益的补充性质的问题。

第二十七条　证人作证不得读书面稿。但是,如果所证事实的性质有此必要,可经主席准许参阅笔记或文件。

第二十八条　证人供词应当即作成记录并向证人宣读。证人得对记录作出他认为必要的修改和补充,并附录在他的证词之后。

证人的全部供词向证人宣读后,应要求证人签字。

第二十九条　代理人有权在调查的过程中或结束时,用书面向委员会和当事另一方递交他们认为对判定真相有用的一切声明、要求或事实的摘要。

第三十条　委员会对决定的讨论不公开并须保守秘密。

一切决定均由委员会以多数作出。

如一委员拒绝参加表决,应在记录中注明。

第三十一条　委员会会议不得公开,调查的记录和文件均不予发表,但依据委员会在当事各方的同意下作出的决定在外。

第三十二条　在当事各方提出一切解释和证据以及所有证人已提供证据后,主席即宣告调查结束,委员会休会,以便讨论和起草报告。

第三十三条　报告由委员会全体委员签署。

委员会如有一人拒绝签字,应在报告上注明,但报告仍然有效。

第三十四条　委员会的报告应在公开庭上宣读,当事各方代理人和律师应到场或经正式传唤。

报告副本应送给当事各方。

第三十五条　委员会的报告限于对事实的确认,绝对没有仲裁裁决的性质。对此项确认的效力全由各方自由决定。

第三十六条 每一方负担它自己的费用,并平均分担委员会的费用。

第四编 国际仲裁

第一章 仲裁制度

第三十七条 法官是由各国自己选择的法官并在尊重法律的基础上,解决各国之间的纠纷。

请求仲裁即意味着承诺对裁决的诚意服从。

第三十八条 凡属法律性质的问题,特别是有关解释或适用国际公约的问题,各缔约国承认仲裁是解决通过外交途径所未能解决的纠纷的最有效也是最公正的方法。

因此,在关于上述问题的纠纷中,各缔约国在情势许可的情况下诉诸仲裁是可取的。

第三十九条 仲裁专约是针对已经产生或最后可能产生的争端而缔结的。

它可以包括任何争端或只包括某一类的争端。

第四十条 不论一般条约或专门条约已明文规定各缔约国有诉诸仲裁的义务,各缔约国仍保留缔结新的一般的或专门的协定的权利,以便把强制仲裁扩大适用于各缔约国可能认为提交仲裁的一切案件。

第二章 常设仲裁法院

第四十一条 为便利将通过外交途径未能解决的国际争端立即诉诸仲裁,各缔约国承允维持第一届和平会议所建立的常设仲裁法院,并按照本公约所载程序规则随时可以投诉和开庭,除非当事国另有相反的规定。

第四十二条 常设仲裁法院对一切仲裁案件有管辖权,除非当事国之间另有成立特别法庭的协议。

第四十三条 常设仲裁法院设在海牙。

国际事务局是法院的书记处,它为法院开庭担任通讯的媒介,它保管档案并处理一切行政事务。

各缔约国承允将它们之间达成的任何仲裁条件以及由特别

法庭作出的有关裁决，以核证无误的副本尽速送交事务局。

各缔约国还承允将载明执行仲裁法院裁决的法律、规章和文件送交事务局。

第四十四条　每个缔约国各指定公认的精通国际法问题、享有最高道德声望并愿意接受仲裁人职责的著名人士至多4名。

被选定的人士应列入法院成员名单，由事务局负责通知各缔约国。

仲裁人名单的任何变更，应由事务局通知各缔约国。

两个或几个国家可以协商共同选定一个或几个成员。

同一人士得由不同国家选定为成员。

法院成员的任期为6年，期满可以连任。

遇有法院成员死亡或退休，应按照该人原任命的同样方式予以补缺，新任期为6年。

第四十五条　当缔约国愿将它们之间发生的一项争端诉诸常设仲裁法院以求解决时，应在法院成员总名单中挑选仲裁人组成法庭以受理此项争端。

如当事国未能就仲裁法庭的组成达成协议，则按如下方式组成：

每一当事国任命2名仲裁人，其中只有1名可由本国国民充任或由该国从常设仲裁法院成员名单中选出1人充任，再由这些仲裁人共同选择1名公断人。

如票数相等，则公断人的选择应委托各当事国共同协议选定的第三国为之。

如对选择第三国问题未能达成协议，则每一当事国各自选定一不同的国家，并由这样选定的国家共同选出公断人。

如在2个月内这两个国家未能达成协议，则每一国各自从常设法院成员名单中提出候选人两名，但他们都不是当事国所任命的成员，并且不是任一当事国的国民。公断人应由按上述办法提出的候选人用抽签决定。

第四十六条　法庭一经组成，当事国应将它们诉诸法院的决定、仲裁协定的文本以及仲裁人的姓名通知事务局。

事务局应立即将仲裁协定和法庭其他成员的姓名通知每一仲裁人。

仲裁法庭于当事国规定的日期开庭。事务局为法庭开庭作出必要的安排。

法庭成员在执行职务或在外国期间，享有外交特权和豁免。

第四十七条　事务局被准许将其办公处所和工作人员提供缔约国，以供任何一个特定仲裁庭之用。

如果当事国同意诉诸常设仲裁法院，则法庭的管辖范围可以在章程规定的条件内，扩大适用于非缔约国之间或缔约国和非缔约国之间的争端。

第四十八条　当两个或两个以上国家有可能发生严重争端时，各缔约国认为它们有义务提请这些国家注意常设仲裁法院是对它们敞开的。

为此，各缔约国声明，对争端各国提请注意本公约的规定，和为了和平的崇高利益而建议诉诸常设法院这一事实，只能被视为一种斡旋性质的行动。

在两国之间发生争端时，两国中任何一国始终可以向国际事务局递送照会，声明它愿意把争端付诸仲裁。

事务局应立即把该声明通知另一国。

第四十九条　由各缔约国驻海牙的外交代表和荷兰外交大臣作为主席所组成的常设行政理事会负责指导和监督国际事务局。

理事会决定它的程序规则以及一切其他必要的规则。

理事会应就一切可能发生的涉及法院工作的行政问题作出决定。

理事会有全权处理事务局官员和雇员的任命、停职或撤职。

理事会规定薪金和工资并控制总的开支。

在正式召开的会议中有 9 个理事出席即可使理事会的讨论发生效力，决议案以多数票作出。

理事会应把它所通过的各项规章立即通知各缔约国。理事会并应把有关法院工作、行政事务和开支的年度报告提交各缔约国。该报告也包括各缔约国根据第四十三条第三款和第四款向事务局通知的文件的重要内容摘要。

第五十条　事务局的费用应按照万国邮政联盟国际事务局所制定的比例，由各缔约国负担。

第三章　仲裁程序

第五十一条　为了促进仲裁的发展，各缔约国已就下列规则达成协议，这些规则将适用于仲裁程序，除非当事国另有协议。

第五十二条　诉诸仲裁的国家签订一项仲裁协定，其中规定争端的事由、任命仲裁人的日期、第六十三条所指的通知的次序和日期，以及每一方须预先存交的支付费用的数额。

仲裁协定也规定任命仲裁人的方式，法庭可能具有的一切特别权力，法庭开庭的地点，法庭应使用的语言和准许在庭上使用的其他语言，总而言之，当事国间商定的一切条件。

第五十三条　常设仲裁法院有权解决仲裁争端，如果当事国间商定将其提交它处理的话。

如通过外交途径的一切努力均未能达成协议，则即使只有当事国一方提出申请，法院也有权就下列争端作出裁决：

一、本公约生效后缔结或续订的一般的仲裁条约所规定的争端。该条约对所有争端须订立一项仲裁协定，既未明示，也未暗示排除常设法院解决仲裁争端的权力。但如另一当事国声明，它认为争端不属于应归强制仲裁的范畴，则不能提交常设仲裁法院，除非仲裁条约赋予仲裁法庭对这一先决问题作出决定之权。

二、一个国家由于另一国拖欠其国民的契约性债务，而向该国索偿所引起的争端，而为了解决争端，已接受仲裁。如接受仲裁必须服从应以其他方式解决仲裁争端这一条件，则此项规定不能适用。

第五十四条　如出现前条规定的情况，则仲裁争端应由一个按照第四十五条第三段至第六段的规定所指派的5个成员组成的委员会予以解决。

第五名委员为委员会的当然主席。

第五十五条　仲裁职责可授予由当事各国自行指定的，或由它们在本公约所建立的常设仲裁法院成员中所选择的一个或几个仲裁人。

如当事各方未能通过协议建立法庭，则按照第四十五条第三至第六段所规定的方式办理。

第五十六条　如一国君主或国家元首被选为仲裁人，则仲裁程序由他决定。

第五十七条　公断人为法庭的当然庭长。

如法庭未设公断人，则由法庭自己任命庭长。

第五十八条　如按照第五十四条的规定，由一委员会解决仲裁争端，如无相反的协议，则由委员会本身组成法庭。

第五十九条　仲裁人中有一人死亡、退休或由于任何原因不能行使职务，则应按照其任命的方式予以补缺。

第六十条　法庭应设在海牙，除非当事国另有选择。

法庭只能在第三国的同意下才能设在第三国。

法庭庭址一经确定，除非经当事国同意，不得变更。

第六十一条　如仲裁协定没有规定使用的语言，则由法庭决定。

第六十二条　当事国有权任命特别代理人出席法庭，作为当事国和法庭间的中间人。

当事国还有权委托其聘请的辩护人或律师出庭为自己的权利和利益辩护。

常设仲裁法院的成员除代表任命他们为法院成员的国家外，不得行使代理人、辩护人或律师的职务。

第六十三条 仲裁程序一般包括两个不同的阶段：书面辩护和口头辩论。

书面辩护指双方代理人向法庭成员和对方送达的申诉、反诉和必要时的答辩；当事国还附送该案中引用的一切文件和资料。此项送达应直接地或通过国际事务局，按照仲裁协议所规定的次序和日期进行。

仲裁协定所规定的日期，经当事国同意，或法庭认为对作出正确决定有必要时，予以延长。

辩论是当事国在法庭上口头阐述其论据。

第六十四条 任何一方所提出的一切文件应以经核证无误的副本送达另一方。

第六十五条 如无特殊情况，法庭只能在书面辩护结束后开庭。

第六十六条 辩论由庭长主持。

辩论只有在当事国同意下，按照法庭的决定才能公开进行。

辩论应载入庭长委任的书记所作成的记录内。此项记录须由庭长和书记之一签署；唯有此项记录才具有权威性。

第六十七条 书面辩护结束后，法庭有权拒绝讨论当事国一方未经另一方同意企图向法庭提出的一切新的文件和资料。

第六十八条 以考虑当事国的代理人或顾问提请法庭注意的新的文件或资料。

在此情况下，法庭有权要求出示此项文件或资料，但必须通知对方。

第六十九条 此外，法庭可要求当事国代理人出示一切文件并要求作出一切必要解释。如遇拒绝，法庭应予记录在案。

第七十条 当事国的代理人和辩护人得向法庭口头陈述他们认为对辩护他们的案件有益的一切论据。

第七十一条 他们有权提出异议和问题。法庭对这些问题的决定是最终的，以后不得进行任何讨论。

第七十二条　法庭成员有权向当事国代理人和辩护人提出问题，并要求他们对可疑之点作出解释。

在辩论过程中，法庭成员所提出的问题或意见均不能被视为整个法庭的意见或法庭成员的意见。

第七十三条　法庭被授权宣布它有权解释在案件中所引用的仲裁协定和其他文件和资料，以及法律原则的适用问题。

第七十四条　法庭有权作出处理本案的程序规则，确定当事国每一方结束辩论的形式、次序和日期，以及安排处理证据的一切手续。

第七十五条　当事国承允尽可能充分地向法庭提供对裁决争端所必要的一切资料。

第七十六条　法庭需要在第三缔约国境内发出任何通知时，应直接向该国政府提出申请。对于到该国现场收集证据而须采取的步骤也适用本条的规定。

为此目的而提出的申请应由被申请国按照它的国内法所掌握的方式予以执行。除非该国认为此项申请有损它的主权和安全，此项申请不得拒绝。

法庭始终有权通过法庭所在地的国家采取行动。

第七十七条　在当事国代理人和辩护人已全部提出支持他们诉讼的说明和证据后，庭长即宣告讨论结束。

第七十八条　法庭的审议不公开，并保守秘密。

一切决定由法庭成员以多数票作出。

第七十九条　仲裁裁决应叙明所依据的理由。裁决应载明仲裁人的姓名；应由庭长和书记或履行书记职责的秘书签署。

第八十条　仲裁裁决应在当事国的代理人和辩护人到场或经正式传唤出庭的情况下，在公开庭上予以宣读。

第八十一条　仲裁裁决经正式宣读并通知各当事国的代理人后，争端即获最终解决，不得上诉。

第八十二条　当事国之间在解释和实施裁决时可能发生的一切争端，除非有相反的协定，应提交作出裁决的法庭予以判决。

第八十三条　当事国可在仲裁协定中保留申请复审仲裁裁决的权利。

在此情况下，除非有相反的协定，申请应向作出裁决的法庭提出。提出申请的唯一理由只能是由于一个新事实的发现而它的性质对裁决本来有可能起决定性影响，且截至辩论结束时，法庭本身以及申请复审的当事国都不知道。

复审程序只有在法庭作出决定后才能开始。该项决定应以明文确认新事实的存在，承认它具有前款规定的性质，并宣告申请可据此予以接受。

仲裁协定规定作出复审申请的期限。

第八十四条　仲裁裁决只对争端各方具有拘束力。

当涉及争端当事国以外的其他国家参加的某协定的解释问题时，前者应及时通知一切签署国。这些国家中每一国均有权参加诉讼。如其中一国或几国行使了这一权利，则裁决中所包含的解释对它们也同样具有拘束力。

第八十五条　每一当事国负担自己的费用，并平均分担法庭的费用。

第四章　简易仲裁程序

第八十六条　为了便于对允许采取简易程序的争端运用仲裁制度，各缔约国采取以下规则，以便在没有其他协议并保留必要时适用第三章规定的条件下予以遵循。

第八十七条　争端每一方各任命一名仲裁人。由上述选定的两名仲裁人选出一名公断人。如他们对此不能达成协议，则由它们从常设仲裁法院成员的总名单上，各提出两名既非本方也非对方指定的法院成员，同时也不是双方中任一方的国民的人作为候选人；从这样提出的候选人中，用抽签决定公断人。

公断人主持法庭。法庭的决定以多数票作出。

第八十八条　在没有事前协议的情况下，法庭一俟成立，应即规定双方各自提交案情的期限。

第八十九条　每一方应由一名代理人出庭,作为法庭和指派他的政府之间的中间人。

第九十条　诉讼程序全部以书面方式进行。但各方有权要求传唤证人和鉴定人出庭。法庭有权要求双方的代理人以及它认为有必要出庭的鉴定人和证人作出口头说明。

第五编　最后条款

第九十一条　本公约一经正式批准,即在缔约各国间代替1899年7月29日的和平解决国际争端公约。

第九十二条　本公约应尽速批准。

批准书应交存于海牙。

首批批准书的交存应作成正式记录并由各加入国的代表和荷兰外交大臣签署。

以后批准书的交存则以书面通知的方式通知荷兰政府并附交批准文件。

首批批准书交存记录、前款提到的书面通知以及批准文件的经核证无误的副本,应由荷兰政府通过外交途径立即送交被邀请出席第二届和平会议的各国以及后来加入本公约的其他国家。对前款所指的情况,荷兰政府应同时把它收到通知的日期转告上述各国。

第九十三条　曾经被邀参加第二届和平会议的非签署国可以加入本公约。

愿加入的国家应把它的意愿书面通知荷兰政府,同时向该国政府送交加入书,该加入书保存于荷兰政府的档案库。

荷兰政府应将通知和加入书的经核证无误的副本,立即送交被邀出席第二届和平会议的所有其他国家,并注明收到通知的日期。

第九十四条　未被邀请出席第二届和平会议的国家加入本公约的条件,将由缔约各国在以后议定。

第九十五条　本公约对首批交存批准书的国家,于此项交存作成正式记录之日起60天后生效;对以后批准或加入的国家,则于荷兰政府收到批准或加入通知之日起 60 天后开始生效。

第九十六条 如一缔约国要求退出本公约,则应以书面通知荷兰政府,由该国政府立即将通知的经核证无误的副本送交所有其他国家,并告知收到通知的日期。

退出只对发出退出通知的国家,并于通知送达荷兰政府 1 年后生效。

第九十七条 由荷兰外交部保管的登记簿应载明按照第九十二条第三款和第四款交存批准书的日期以及收到加入通知(第九十三条第三款)或退出通知(第九十六条第一款)的日期。

每一缔约国得查阅该登记簿并可要求提供核证无误的摘录。

各全权代表在本公约上签字,以昭信守。

1907 年 10 月 18 日订于海牙,正本一份,存于荷兰政府档案库,其经核证无误的副本通过外交途径分送给各缔约国。

附录二 关于解决各国和其他国家的国民之间的投资争端的公约

（该公约于 1965 年 3 月 18 日订于华盛顿，1966 年 10 月 14 日生效。）

序　言

各缔约国，考虑到为经济发展进行国际合作的需要和私人国际投资在这方面的作用；

注意到各缔约国和其他缔约国的国民之间可能不时发生与这种投资有关的争端；

认识到虽然此种争端通常将遵守国内法律程序，但在某些情况下，采取国际解决方法可能是适当的；

特别重视提供国际调解或仲裁的便利，各缔约国和其他缔约国国民如果有此要求可以将此种争端交付国际调解或仲裁；

愿在国际复兴开发银行的主持下建立此种便利；

认识到双方同意借助此种便利将此种争端交付调解或仲裁，构成了一种有约束力的协议，该协议特别要求对调解员的任何建议给予适当考虑，对任何仲裁裁决予以遵守；

宣告不能仅仅由于缔约国批准、接受或核准本公约这一事实而不经其同意就认为该缔约国具有将任何特定的争端交付调解或仲裁的义务。

达成协议如下：

第一章　解决投资争端国际中心

第一节　建立和组织

第一条

一、兹建立解决投资争端国际中心（以下简称"中心"）。

二、中心的宗旨是依照本公约的规定为各缔约国和其他缔约国的国民之间的投资争端，提供调解和仲裁的便利。

第二条

中心的总部应设在国际复兴开发银行（以下称为"银行"）总行办事处。该总部可以根据行政理事会经其成员的三分之二多数作出的决定迁往另一地点。

第三条

中心应设有一个行政理事会和一个秘书处，并应有一个调解员小组和一个仲裁员小组。

第二节　行政理事会

第四条

一、行政理事会由每一个缔约国各派代表一人组成，在首席代表未能出席会议或不能执行任务时，可以由副代表担任代表。

二、如无相反的任命，缔约国所指派的银行的理事和副理事应当然地成为各该国的代表和副代表。

第五条

银行长应为行政理事会的当然主席（以下称为"主席"），但无表决权。在他缺席或不能执行任务时和在银行行长职位空缺时，应由暂时代理行长的人提任行政理事会主席。

第六条

一、行政理事会在不损害本公约其他条款赋予它的权力和职能的情况下，应：

（一）通过中心的行政和财政条例；

（二）通过交付调解和仲裁的程序规则；

（三）通过调解和仲裁的程序规则（以下称为"调解规则和仲裁规则"）；

（四）批准同银行达成的关于使用其行政设施和服务的协议；

（五）确定秘书长和任何副秘书长的服务条件；

（六）通过中心的年度收支预算；

（七）批准关于中心的活动的年度报告。

上述（一）、（二）、（三）和（六）项中的决定，应由行政理事会成员的三分之二多数票通过。

二、行政理事会可以设立它认为必要的委员会。

三、行政理事会还应行使它所确定的为履行本公约规定所必需的其他权力和职能。

第七条

一、行政理事会应每年举行一次年会，以及理事会可能决定的，或经理事会至少5个成员的请求由主席或由秘书长召开的其他会议。

二、行政理事会每个成员享有一个投票权，除本公约另有规定外，理事会所有的事项应以多数票作出决定。

三、行政理事会任何会议的法定人数应为其成员的多数。

四、行政理事会可由其成员的三分之二多数决定建立一种程序，根据该程序的主席可以不召开理事会议而进行理事会表决，该项表决只有理事会的多数成员在上述程序规定的期限内投票，才能认为有效。

第八条

中心对行政理事会成员和主席的工作，不付给报酬。

第三节　秘书处

第九条

秘书处由秘书长1人、副秘书长1人或数人以及工作人员组成。

第十条

一、秘书长和任何副秘书长由主席提名，经行政理事会根据其成员的三分之二多数票选举产生，任期不超过6年，可以连任。主席在同行政理事会成员磋商后，对上述每一职位得提出一个或几个候选人。

二、秘书长和副秘书长的职责不得与执行任何政治任务相联系。秘书长或任何副秘书长除经行政理事会批准外，不得担任其他任何职务或从事其他任何职业。

三、在秘书长缺席或不能履行职责时，或在秘书长职位空缺时，由副秘书长担任秘书长。如果有一个以上的副秘书长，应由行政理事会在事前决定他们担任秘书长的次序。

第十一条

秘书长是中心的法定代表和主要官员，并依照本公约的规定和行政理事会通过的规则负责其行政事务，包括任命工作人员。他应履行书记官的职务，并有权认证根据本公约作出的仲裁裁决和核证其副本。

第四节　小组

第十二条

调解员小组和仲裁员小组各由合格的人员组成，他们应根据以下规定指派，并愿意提供服务。

第十三条

一、每一缔约国可以向每个小组指派4人，他们可以是但不一定是该缔约国国民。

二、主席可以向每个小组指派10人，所指派人员应具有不同的国籍。

第十四条

一、指派在小组服务的人员应具有高尚的道德品质，并且在法律、商业、工业和金融方面有公认的能力，他们可以被信赖作出独立的判断。对仲裁员小组的人员而言，在法律方面的能力尤其重要。

二、主席在指派小组中服务的人员时，还应适当注意保证世界上各种主要法律体系和主要经济活动方式在小组中的代表性。

第十五条

一、小组成员的任期为6年，可以连任。

二、如果小组的成员死亡或辞职时，指派该成员的机构有权指派另一人在该成员剩余的任期内服务。

三、小组成员应继续任职，直至其继任人被指派时为止。

第十六条

一、一个人可以在两个小组服务。

二、如果一个人被一个以上的缔约国、或被一个或一个以上的缔约国和主席指派在同一个小组服务，他应认为是被首先指派他的机构所指派；或者如果其中一个指派他的机构是他国籍所属国家，他应认为是被首先指派他的机构所指派；或者如果其中一个指派他的机构是他国籍所属国家，他应被认为是被该国所指派。

三、所有的指派应通知秘书长，并从接到通知之日起生效。

第五节 中心的经费

第十七条

如果中心对使用其设施而收取的费用或其他收入不足以弥补其支出，那么属于银行成员的缔约国应各按其认购的银行资本股份的比例，而不属于银行成员的缔约国则按行政理事会通过的规则来负担超支部分。

第六节 地位、豁免和特权

第十八条

中心具有完全的国际法律人格。中心的法律能力应包括：

（一）缔结契约的能力；

（二）取得和处置动产和不动产的能力；

（三）起诉的能力。

第十九条

为使中心能履行其职责，它在各缔约国领土内应享有本节规定的豁免和特权。

第二十条

中心及其财产和资产享有豁免一切法律诉讼的权利，除非中心放弃此种豁免。

第二十一条

主席、行政理事会成员、担任调解员或仲裁员的人员或按照第五十二条第三款任命的委员会成员以及秘书处的官员和雇员：

（一）在履行其职责时的一切行动，享有豁免法律诉讼的权利，除非中心放弃此种豁免；

（二）如不是当地的国民，应享有缔约国给予其他缔约国相应级别的代表、官员和雇员在移民限制、外国人登记条件和国民兵役义务方面的同等豁免权，在外汇限制方面的同等便利以及有关旅行便利的同等待遇。

第二十二条

第二十一条的规定应适用于根据本公约在诉讼中出席作为当事人、代理人、顾问、辩护人、证人或专家的人，但该条第（二）项只适用于他们往返诉讼地的旅程和停留。

第二十三条

一、中心的档案不论其在何处应不受侵犯。

二、关于官方通讯，各缔约国给予中心的待遇，不得低于给予其他国际组织的待遇。

第二十四条

一、中心及其资产、财产和收入，以及本公约许可的业务活动的交易，应免除一切税捐和关税。中心还应免除征缴任何税捐或关税的义务。

二、除当地国民外，对中心付给行政理事会主席或成员的津贴或其他报酬，均不得征税。

三、对担任调解员或仲裁员，或按照第五十二条第三款任命的委员会成员，在本公约规定的诉讼中取得的报酬或津贴，均不得征税，倘若此项征税是以中心所在地、进行上述诉讼的地点、或付给报酬或津贴的地点为唯一管辖依据的话。

第二章 中心的管辖

第二十五条

一、中心的管辖适用于缔约国（或缔约国向中心指定的该国的任何组成部分或机构）和另一缔约国国民之间直接因投资而产生并经双方书面同意提交给中心的任何法律争端。当双方表示同意后，任何一方不得单方面撤销其同意。

二、"另一缔约国国民"系指：

（一）在双方同意将争端交付调解或仲裁之日以及根据第二十八条第二款或第三十六条第三款登记请求之日，具有作为争端一方的国家以外的某一缔约国国籍的任何自然人，但不包括在上述任一日期也具有作为争端一方的缔约国国籍的任何人；

（二）在争端双方同意将争端交付调解或仲裁之日，具有作为争端一方的国家以外的某一缔约国国籍的任何法人，以及在上述日期具有作为争端一方缔约国国籍的任何法人，而该法人因受外国控制，双方同意为了本公约的目的，应看作另一缔约国国民。

三、某一缔约国的组成部分或机构表示的同意，须经该缔约国批准，除非该缔约国通知中心不需要予以批准。

四、任何缔约国可以在批准、接受或核准本公约时，或在此后任何时候，把它将考虑或不考虑提交给中心管辖的一类或几类争端通知中心。秘书长应立即将此项通知转送给缔约国。此项通知不构成第一款所要求的同意。

第二十六条

除非另有规定，双方同意根据本公约交付仲裁，应视为同意排除任何其他救济方法而交付上述仲裁。缔约国可以要求以用尽该国行政或司法救济作为其同意根据本公约交付仲裁的条件。

第二十七条

一、缔约国对于其国民和另一缔约国根据本公约已同意交付或已交付仲裁的争端，不得给予外交保护或提出国际要求，除非该另一缔约国未能遵守和履行对此项争端所作出的裁决。

二、在第一款中，外交保护不应包括纯粹为了促进争端的解决而进行的非正式的外交上的交往。

第三章 调解

第一节 请求调解

第二十八条

一、希望交付调解程序的任何缔约国或缔约国的任何国民，应就此向秘书长提出书面请求，由秘书长将该项请求的副本送交另一方。

二、该项请求应包括有关争端的事项、双方的身份以及他们同意依照交付调解和仲裁的程序规则进行调解等内容。

三、秘书长应登记此项请求，除非他根据请求的内容认为此项争端显然在中心的管辖范围之外。他应立即将登记或拒绝登记通知双方。

第二节 调解委员会的组成

第二十九条

调解委员会（以下简称"委员会"）应在依照第二十八条提出的请求予以登记之后尽速组成。

（一）委员会应由双方同意任命的独任调解员或任何非偶数的调解员组成。

（二）如双方对调解员的人数和任命的方法不能达成协议，则委员会应由3名调解员组成，由每一方各任命调解员1名，第三名由双方协议任命，并担任委员会主席。

第三十条

如果在秘书长依照第二十八条第三款发出关于请求已予以登记的通知后90天内，或在双方可能同意的其他期限内未能组成委员会，主席经任何一方请求，并尽可能同双方磋商后，可任命尚未任命的1名或数名调解员。

第三十一条

一、除主席根据第三十条进行任命的情况外，可任命调解员小组以外的人为调解员。

二、从调解员小组以外任命的调解员应具备第十四条第一款所述的品质。

第三节 调解程序

第三十二条

一、委员会应是其本身权限的决定人。

二、争端一方提出的反对意见,认为该争端不属于中心的管辖范围,或因其他原因不属于委员会权限范围,委员会应加以考虑,并决定是否将其作为先决问题处理,或与该争端的是非曲直一并处理。

第三十三条

任何调解程序应依照本节规定,以及除双方另有协议外,依照双方同意调解之日有效的调解规则进行,如发生任何本节或调解规则或双方同意的任何规则未作规定的程序问题,则该问题应由委员会决定。

第三十四条

一、委员会有责任澄清双方发生争端的问题,并努力使双方就共同可接受的条件达成协议。为此目的,委员会可以在程序进行的任何阶段,随时向双方建议解决的条件。双方应同委员会进行真诚的合作,以使委员会能履行其职责,并对委员会的建议给予最认真的考虑。

二、如果双方达成协议,委员会应起草一份报告,指出发生争端的问题,并载明双方已达成协议。如果在程序进行任何阶段,委员会认为双方已不可能达成协议,则应结束此项程序,并起草一份报告,指出已将争端提交调解,并载明双方未能达成协议。如果一方未能出席或参加上述程序,委员会应结束此项程序并起草一份报告,指出该方未能出席或参加。

第三十五条

除争端双方另有协议外,参加调解程序的任何一方均无权在其他任何程序中,不论是在仲裁员面前或在法院或其他机构,援引或依仗参加调解程序的另一方所表示的任何意见或所作的声明或承认或提出的解决办法,也不得援引或依照委员会提出的报告或任何建议。

第四章 仲裁

第一节 请求仲裁

第三十六条

一、希望采取仲裁程序的任何缔约国或缔约国的任何国民,应就此向秘书长提出书面请求,由秘书长将该项请求的副本送交另一方。

二、该项请求应包括有关争端事项、双方的身份以及他们同意依照交付调解的仲裁和程序规则提交仲裁等内容。

三、秘书长应登记此项请求,除非他根据请求的内容,认为此项争端显然在中心的管辖范围之外,他就立即将登记或拒绝登记通知双方。

第二节 仲裁庭的组成

第三十七条

仲裁庭应依照第三十六条提出的请求登记之后尽速组成。

(一)仲裁员应由双方同意任命的独任仲裁员或任何非偶数的仲裁员组成。

(二)如双方对仲裁员的人数和任命的方法不能达成协议,仲裁庭应由 3 名仲裁员组成,由每一方各任命仲裁员 1 名,第三人由双方协议任命,并担任首席仲裁员。

第三十八条

如果在秘书长依照第三十六条第三款发出关于请求已予以登记的通知后 90 天内,或在双方可能同意的其他期限内未能组成仲裁庭,主席经任何一方请求,并尽可能同意双方磋商后,可任命尚未任命的仲裁员或数名仲裁员。主席根据本条任命的仲裁员不得为争端一方的缔约国的国民或其国民是争端一方的缔约国的国民。

第三十九条

仲裁员的多数不得为争端一方的缔约国民和其国民是争端一方的缔约国的国民;但独任仲裁员或仲裁庭的每一成员经双方协议任命,本条上述规定则不适用。

第四十条

一、除主席根据第三十八条进行任命的情况外，可以从仲裁员小组以外任命仲裁员。

二、从仲裁员小组以外任命的仲裁员应具备第十四条第一款所述的品质。

第三节 仲裁庭的权力和职能

第四十一条

一、仲裁庭应是其本身权限的决定人。

二、争端一方提出的反对意见，认为该争端不属于中心的管辖范围，或因其他原因不属于仲裁庭的权限范围，仲裁庭应加以考虑，并决定是否将其作为先决问题处理，或与该争端的是非曲直一并处理。

第四十二条

一、仲裁庭应依照双方可能同意的法律规则对争端作出裁决。如无此种协议，仲裁庭应适用作为争端一方的缔约国的法律（包括其冲突法规则）以及可能适用的国际法规则。

二、仲裁庭不得借口法律无明文规定或含义不清而暂不作出裁决。

三、第一款和第二款的规定不得损害仲裁庭在双方同意时按公允及善良原则对争端作出裁决的权力。

第四十三条

除双方另有协议，如果仲裁庭在程序的任命阶段认为有必要时，它可以：

（一）要求双方提出文件或其他证据；

（二）访问与争端有关的场地，并在该地进行它可能认为适当的调查。

第四十四条

任何仲裁程序应依照本节规定，以及除双方另有协议外，依照双方同意提交仲裁之日有效的仲裁规则进行。如发生任何本节或仲裁规则或双方同意的任何规则未规定的程序问题，则该问题应由仲裁庭决定。

第四十五条

一、一方未出席或陈述其案情，不得视为接受另一方的主张。

二、如果一方在程序的任何阶段未出席或陈述案情，另一方可以请求仲裁庭处理向其提出的问题并作出裁决。仲裁庭在作出裁决之前，应通知未出席或陈述案情的一方，并给以宽限日期，除非仲裁庭确信该方不愿意这么做。

第四十六条

除非双方另有协议，如经一方请求，仲裁庭应对争端的主要问题直接引起的附带或附加的要求或反要求作出决定，但上述要求应在双方同意的范围内，或在中心的管辖范围内。

第四十七条

除双方另有协议外，仲裁庭如果认为情况需要，得建议采取任何临时措施，以维护任何一方的权利。

第四节 裁决

第四十八条

一、仲裁庭应以其全体成员的多数票对问题作出决定。

二、仲裁庭的裁决应以书面作成，并由仲裁庭投赞成票的成员签字。

三、裁决应处理提交仲裁庭的每一个问题，并说明所根据的理由。

四、仲裁庭的任何成员可以在裁决上附上他个人的意见（不论他是否同意多数人的意见），或陈述他的不同意见。

五、中心未经双方的同意不得公布裁决。

第四十九条

一、秘书长应迅速将裁决的核证无误的副本送交双方。裁决应视为在发出上述副本之日作出。

二、仲裁庭经一方在作出裁决之日后45天内提出请求，可以在通知另一方后对裁决中遗漏的任何问题作出决定，并纠正裁决中的任何抄写、计算或类似的错误。其决定应为裁决的一部分,并应按裁决一样的方式通知双方。第五十一条第二款和第五十二条第二款规定的期限应从作出决定之日起计算。

第五条 裁决的解释、修改和撤销

第五十条

一、如果双方对裁决的意义或范围发生争议,任何一方可以向秘书长提出书面申请,要求对裁决作出解释。

二、如有可能,应将该项要求提交作出裁决的仲裁庭。如果不可能这样做,则应依照本章第二节组织新的仲裁庭。仲裁庭如认为情况有此需要,可以在它作出决定前停止执行裁决。

第五十一条

一、任何一方可以根据所发现的某项其性质对裁决有决定性影响的事实,向秘书长提出书面申请要求修改裁决,但必须以在作出裁决时仲裁庭和申请人都不了解该事实并非由于疏忽所致。

二、申请应在发现该事实后的 90 天内,且无论如何应在作出裁决之日后 3 年之内提出。

三、如有可能,该项要求应提交作出裁决的仲裁庭。如果不可能这样做,则应依照本章第二节组织新的仲裁庭。

四、仲裁庭如认为情况有此需要,可以在作出决定前停止执行裁决。如果申请人在申请书中要求停止执行裁决,则应暂时停止执行,直到仲裁庭对该要求作出决定为止。

第五十二条

一、任何一方可以根据下列一个或几个理由,向秘书长提出书面申请,要求撤销裁决:

(一)仲裁庭的组成不适当;

(二)仲裁庭显然超越其权力;

(三)仲裁庭的成员有受贿行为;

(四)有严重的背离基本程序规则的情况;

(五)裁决未陈述其所依据的理由。

二、申请应在作出裁决之日后120天内提出，但以受贿为理由而要求撤销者除外，该申请应在发现受贿行为后120天内，并且无论如何在作出裁决之日后3年内提出。

三、主席在接到要求时，应立即从仲裁员小组中任命一个由3人组成的专门委员会。委员会的成员不得为作出裁决的仲裁庭的成员，不得有相同的国籍，不得为争端一国家的国民或其国民是争端一方的国家的国民，不得为上述任一国指派参加仲裁员小组的成员，也不得在同一争端中担任调解员。委员会根据第一款规定的任何理由有权撤销裁决或裁决中的任何部分。

四、第四十一条至第四十五条、第四十八条、第四十九条、第五十三条、第五十四条以及第六章和第七章的规定，在适用于委员会的程序时，须作必要的变动。

五、委员会如认为情况有此需要，可以在作出决定前停止执行裁决。如果申请人在申请书中要求停止执行裁决，则应暂时停止执行，直到委员会对该要求作出决定为止。

六、如果裁决被撤销，则经任何一方的请求，应将争端提交给依照本章第二节组织的新仲裁庭。

第六节　裁决的承认和执行

第五十三条

一、裁决对双方具有约束力。不得进行任何上诉或采取除本公约规定外的任何其他补救办法。除依照本公约有关规定予以停止执行的情况外，每方应遵守和履行裁决的规定。

二、在本节中，"裁决"应包括依照第五十条、第五十一条或第五十二条对裁决作出解释、修改或撤销的任何决定。

第五十四条

一、每一缔约国应承认依照本公约作出的裁决具有约束力，并在其领土内履行该裁决所加的财政义务，正如该裁决是该国法院的最后判决一样。具有联邦宪法的缔约国可以在联邦法院或通过该法院执行裁决，并可规定联邦法院应把该裁决视为组成联邦的某一邦的法院作出的最后判决。

二、要求在一缔约国领土内予以承认或执行的一方，应向该缔约国为此目的而指定的主管法院或其他机构提供经秘书长核证无误的该裁决的副本一份。每一缔约国应将为此目的而指定的主管法院或其他机构以及随后关于此项指定的任何变动通知秘书长。

三、裁决的执行应受要求在其领土内执行的国家关于执行判决的现行法律的管辖。

第五十五条

第五十四条的规定不得解释为背离任何缔约国现行的关于该国或任何外国执行豁免的法律。

第五章　调解员和仲裁员的更换及取消资格

第五十六条

一、在委员会或仲裁庭组成和程序开始之后，其成员的组成应保持不变；但如有调解员或仲裁员死亡、丧失资格或辞职，其空缺应依照第三章第二节或第四章第二节的规定予以补充。

二、尽管委员会或仲裁庭的某一成员已停止成为仲裁员小组的成员，他应继续在该委员会或仲裁庭服务。

三、如果由一方任命的调解员或仲裁员未经委员会或仲裁庭（该调解员或仲裁员是该委员会或仲裁庭的成员）的同意而辞职，造成的空缺应由主席从有关小组中指定1人补充。

第五十七条

一方可以根据明显缺乏第十四条第一款规定的品质的任何事实，向委员会或仲裁庭建议取消其任何成员的资格。参加仲裁程序的一方还可根据第四章第二节以某一仲裁员无资格在仲裁庭任职为理由，建议取消该仲裁员的资格。

第五十八条

对任何取消调解员或仲裁员资格的建议的决定应视情况由委员会或仲裁庭的其他成员作出，但如成员中双方人数相等，或遇到建议取消独任调解员或仲裁员的资格，或取消大多数调解员或仲裁员的资格时，则应由主席作出决定。如决定认为该建议理由充分，则该决定所指的调解员或仲裁员应依照第三章第二节或第四章第二节的规定予以更换。

第六章 诉讼费用

第五十九条

双方为使用中心的设施而应付的费用由秘书长依照行政理事会通过的条例予以确定。

第六十条

一、每一委员会和每一仲裁庭应在行政理事会随时规定的限度内并在同秘书长磋商后，决定其成员的费用和开支。

二、本条第一款的规定并不排除双方事先同有关的委员会或仲裁庭就其成员的费用和开支达成协议。

第六十一条

一、就调解程序而言，委员会成员的费用和开支以及使用中心的设施的费用，应由双方平均分摊。每一方应负担各自与程序有关的任何其他开支。

二、就仲裁程序而言，除双方另有协议外，仲裁庭应估计双方同程序有关的开支，并决定该项开支、仲裁庭成员的酬金和开支以及使用中心的设施的费用应如何和由何人偿付。此项决定应成为裁决的一部分。

第七章 诉讼地

第六十二条

调解和仲裁程序除以下的条文规定外，应在中心的所在地举行。

第六十三条

如果双方同意，调解和仲裁程序可以在下列地点举行：

（一）常设仲裁庭或任何其他适当的公私机构的所在地，中心可以同上述机构就此目的作出安排；

（二）委员会或仲裁庭在同秘书长磋商后所批准的任何其

他地点。

第八章 缔约国之间的争端

第六十四条

缔约国之间发生的不能通过谈判解决的有关本公约的解释或适用的任何争端，经争端任何一方申请，可提交国际法院，除非有关国家同意采取另一种解决办法。

第九章 修改

第六十五条

任何缔约国可建议修改本公约，建议修改的文本应在审议该修改案的行政理事会召开会议之前至少 90 天送交秘书长，并由秘书长立即转交行政理事会所有成员。

第六十六条

一、如果行政理事会根据其成员的三分之二多数决定修改，则建议修改的文本应分送给所有缔约国予以批准、接受或核准。每次修改应在本公约的保管人向各缔约国发出关于所有缔约国已经批准、接受或核准该项修改的通知之后 30 天开始生效。

二、任何修改不得影响任何缔约国或其任何组成部分或机构或该国的任何国民，在修改生效之日以前表示同意受中心管辖而产生的由本公约规定的权利和义务。

第十章 最后条款

第六十七条

本公约应开放供银行的成员国签字，本公约也向参加国际法院规约和行政理事会根据其成员的三分之二多数票邀请签署本公约的任何其他国家开放签字。

第六十八条

一、本公约须由签字国依照其各自的宪法程序予以批准、接受或核准。

二、本公约在交存第二十份批准、接受或核准书之日后 30 天开始生效。对以后每一个交存批准、接受或核准书的国家，本公约在其交存之日后 30 天开始生效。

第六十九条

每一缔约国应采取使本公约的规定在其领土内有效所必需的立法或其他措施。

第七十条

本公约应适用于由一缔约国负责国际关系的所有领土，但不包括缔约国在批准、接受或核准时，或其后以书面通知本公约的保管人予以除外的领土。

第七十一条

任何缔约国可以书面通知本公约的保管人退出本公约。该项退出自收到该通知6个月后开始生效。

第七十二条

缔约国依照第七十条或第七十一条发出的通知，不得影响该国或其任何组成部分或机构或该国的任何国民在保管人接到上述通知以前由他们其中之一所表示的同意受中心的管辖而产生的由本公约规定的权利和义务。

第七十三条

本公约的批准、接受或核准书以及修改的文本应交存于银行，它是本公约的保管人。保管人应将本公约核证无误的副本送交银行的成员国和被邀请签署本公约的任何其他国家。

第七十四条

保管人应依照联合国宪章第一〇二条和大会通过的有关条例向联合国秘书处登记本公约。

第七十五条

保管人应将下列各项通知所有签字国：

（一）依照第六十七条的签字；

（二）依照第七十三条交存的批准、接受和核准书；

（三）依照第六十八条本公约的生效日期；

（四）依照第七十条不适用本公约的领土；

（五）依照第六十六条对本公约的任何修改的生效日期；

（六）依照第七十一条退出本公约。

参考文献

中文

一 著作

曹卫东：《中国"一带一路"投资安全报告（2015—2016）》，社会科学文献出版社2016年版。

陈安：《国际投资法的新发展与中国双边投资条约的新实践》，复旦大学出版社2007年版。

陈文：《"一带一路"下中国企业走出的法律保障》，法律出版社2015年版。

国家发展改革委、外交部、商务部：《推动共建丝绸之路经济带和21世纪海上丝绸之路的愿景与行动》，2015年3月28日。

国务院新闻办：《发展权：中国的理念、实践与贡献》白皮书，人民出版社2016年版。

江苏省南通市司法局、上海对外经贸大学：《"一带一路"国家法律服务和法律险指引手册》，知识产权出版社2016年版。

李小云：《国际发展援助概论》，社会科学文献出版社2009年版。

李英、罗维昱：《中国对外能源投资争议解决研究》，知识产权出版社2016年版。

梁咏：《中国投资者海外投资法律保障与风险防范》，法律出版社 2010 年版。

梁咏：《中国海外能源投资法律保障与风险防范》，法律出版社 2017 年版。

［美］罗伯特·基欧汉、约瑟夫·奈：《权力与相互依赖》，门洪华译，北京大学出版社 2002 年版。

漆彤：《中国海外投资法律指南》，法律出版社 2019 年版。

单文华：《"丝绸之路经济带"贸易投资便利化法律框架研究》，法律出版社 2018 年版。

商务部、国家统计局、国家外汇管理局：《2006 年度中国对外直接投资统计公报》，商务部、国家统计局和国家外汇管理局，2007 年。

石佑启、韩永红、向明华、王燕、杨嵩棱：《"一带一路"法律保障机制研究》，人民出版社 2016 年版。

司法部、外交部、商务部、国务院法制办：《关于发展涉外法律服务业的意见》。

［尼泊尔］苏里亚·P. 苏贝迪：《国际投资法：政策与原则的协调》，张磊译，法律出版社 2015 年版。

王军杰：《"一带一路"沿线投资风险法律应对研究》，法律出版社 2019 年版。

文川、刘英：《"一带一路"战略与企业"走出去"法律风险应对研究——以广东为例》，云南大学出版社 2017 年版。

博阳、魏昕主编：《中国企业跨国发展研究报告》，中国社会科学出版社 2006 年版。

银红武：《中国双边投资条约的演进——以国际投资法趋同化为背景》，中国政法大学出版社 2017 年版。

殷敏、王珍珍：《"一带一路"争端解决机制：理论与法规》，上海人民出版社 2020 年版。

余劲松：《国际投资法》，法律出版社 2014 年版。

《一带一路沿线国家法律风险防范指引》系列丛书编委会：《一带一路沿线国家法律风险防范指引（印度尼西亚）》，经济科学出版社 2015 年版。

张瑾：《"一带一路"投资保护的国际法研究》，社会科学文献出版社 2017 年版。

郑之杰：《"走出去"的法律问题与实践》，法律出版社 2016 年版。

中央全面深化改革领导小组：《关于开展涉外法律服务业的意见》，2016 年 5 月 20 日。

二　期刊

蔡中华：《"一带一路"建设亟需知识产权护航》，《知识产权报》2017 年 5 月 17 日。

陈清霞：《"一带一路"建设起航，法治保障应快步跟上》，《人民法院报》2016 年 4 月 5 日。

陈梅：《"一带一路"背景下境外投资腐败风险的法律防范》，《理论月刊》2018 年第 11 期。

杜尚泽、胡泽曦：《共商共建共享之路》，《人民日报》2016 年 10 月 3 日。

韩秀丽：《中国海外投资中的环境保护问题》，《国际问题研究》2013 年 9 月 30 日。

何志鹏：《"一带一路"与国际制度的中国贡献》，《学习与探索》2016 年第 9 期。

蒋桓：《"一带一路"地缘政治风险的评估与管理》，《国际贸易》2015 年第 8 期。

李峰：《中国企业海外投资风险：现状、成因与对策》，《现代管理科学》2016 年第 3 期。

李鸣：《国际法与"一带一路"研究》，《法学杂志》2016 年第 1 期。

罗培新：《"一带一路"所需要的高品质法律人才"长"什么样》，《解放日报》2017 年 7 月 4 日。

刘国民：《用保险减少企业海外投资风险》，《中国贸易报》2017 年 7 月 20 日。

刘结一：《"一带一路"唱响联合国舞台》，《人民日报》2016年12月8日。

刘向东：《中铝并购力拓案件的反思》，《中国中小企业》2010年第2期。

刘翔峰、苑生龙：《"一带一路"建设中的廉洁问题》，《东亚评论》2019年第1期。

唐荣：《多国律师共商"一带一路"法律服务合作》，《法制日报》2017年5月17日。

习近平：《弘扬人民友谊，共创美好未来——在纳扎尔巴耶夫大学的演讲》，《人民日报海外版》2013年9月9日。

习近平：《携手建设中国—东盟命运共同体——在印度尼西亚国会的演讲》，《人民日报》2013年10月4日。

习近平：《携手推进"一带一路"建设——在"一带一路"国际合作高峰论坛上的演讲》，《人民日报》2017年5月15日。

许志峰：《奏响共赢曲，引领新繁荣》，《人民日报》2016年9月7日。

徐国建：《关于"一带一路"战略实施的若干法律思考》，《中国国际私法与比较法年刊》2015年第18卷。

《赞比亚柯蓝煤矿发生纠纷》，《国际金融报》2012年8月7日第5版。

詹晓宁、葛顺奇：《国际投资条约：投资和投资者的范围与定义》，《国际经济合作》2003年第1期。

张长立：《"一带一路"背景下中国海外知识产权保护路经研究》，《科学管理研究》2015年第5期。

赵大程：《为"一带一路"建设提供法律服务》，《人民日报》2016年11月17日。

朱源、施国庆：《实施"一带一路"战略要充分考量环境因素》，《中国环境报》2015年11月17日。

三 电子文献

金慧慧：《中华全国律协拟建立"一带一路"律师联盟》，新华网，http：//news. china. com. cn/txt/2017 - 04/27/content_ 40 703549. htm。

《美欧贸易保护主义日益激烈，中企海外并购骤降七成》，http：//finance. ifeng. com/news/hqcj/20121011/7131877. shtml。

商务部：《2019 中国对"一带一路"沿线国家投资合作情况》，http：//fec. mofcom. gov. cn/article/fwydyl/tjsj/202001/20200 102932470. shtml。

王俊峰：《加强"一带一路"法治保障发起设立国际性法治论坛》，光明日报网理论频道，http：//theory. gmw. cn/2016 - 03/14/content_ 19281664. htm。

《"一带一路"国际合作高峰论坛成果清单》，新华网，http：//news. xinhuanet. com/world/2017 -05/16/c_ 1120976848. htm。

《中海油"优尼科"之败背后的分析》，http：//center. cnpc. com. cn/bk/system/2017/10/24/001665864. shtml。

外文

一 著作

Axel Berger, *China's New Bilateral Investment Treaty Programme: Substance, Rational and Implications for International Investment Law Making*, German Development Institute, 2010.

D. W. Greig ed. , *International Law*, Butter Worths, 1976.

Edward M. Graham, David M. Marchick. *US National Security and Foreign Direct Investment.* Washington D. C. : Institute for International Economics, 2006.

Ignaz Seidl Hogenveldern ed. , *International Economic Law*, New York: Martinus Nijhoff Publishers, 1992.

J. Barry ed. , *Environment and Social Theory.* Routledge, 1999.

J. G. Merrills ed. , *International Dispute Settlement*, Cambridge:

Cambridge University Press, 2005.

Louis Henkin ed., *How Nations Behave*, New York: Columbia University Press, 1979.

M. Sornarajah ed., *The International Law on Foreign Investment*, Cambridge: Cambridge University Press, 2010.

UNCTAD, *Sharing Asia's Dynamism: Asian Direct Investment in the European Union.* New York and Geneva: United Nations, 1996.

UNCTAD, *Employment: UNCTAD Series on Issues in International Investment Agreements*, United Nations, 2000.

UNCTAD, *World Investment Report 2006*, United Nations, 2006.

UNCTAD: *World Investment Report 2018*, United Nations, 2018.

W. Burke-White, Andreas von Staden, *The Need for Public Law Standards of Review in Investor-State Arbitration*, *International Investment Law and Comparative Public Law*, New York: Oxford University Press, 2010.

二 期刊

Barbara Kotschwar, Theodore H. Moran and Julia Muir, "Chinese Investment in Latin American Resources: The Good, the Bad and the Ugly," Working Paper, Peterson Institute for International Economics, 2012.

Brian Sang YK, "Tending Towards Greater Eco-Protection in Kenya: Public Interest Environmental Litigation and Its Prospects Within the New Constitutional Order", *Journal of African Law*, 2013.

Jose E. Nrique Alvarez, "Why Are We 'Re-Calibrating' Our Investment Treaties", *World Arbitration & Mediation Review*, Vol. 4, 2010.

Martin Domke, "Foreign Nationalization: Some Aspects of Contemporary International Law", *American International Law*, Vol

55, 1961.

Paul Peters, "Recent Developments in Expropriation Clauses of Asian Investment Treaties", *Asian Yearbooks of International Law*, Vol. 5, 1995.

Uche Ewelukwa Ofodile, "African-China Bilateral Investment Treaties: A Critique", *Michigan Journal of International Law*, Vol. 35, 2013 – 2014.

William S. Dodge, "Investor-State Dispute Settlement between Developed Countries: Reflections on the Australia-United States Free Trade Agreement", *Vanderbilt Journal of Transnational Law*, Vol. 39, 2006.

S. Linn Williams, "Political and Other Risk Insurance: OPIC, MIGA, EXIMBANK and Other Providers", *Pace International Law Review*, Vol. 3, 1993.

S. Vasciannie, "The Fair and Equitable Treatment Standard in International Investment Law and Practice", BYBIL, Vol. 70, 1999.

后　　记

　　随着中国改革开放海外投资活动的迅猛发展，目前中国在世界范围内已经成为双向的投资大国，而海外投资建设需要法律规范来固定合作各方的权利和义务，增强合作的稳定性。本书的撰写为了更好满足中国企业开展海外投资活动对于法律风险的防范与管理的需要，同时为政府建立健全海外投资法律保障机制提供有益的思路和建议。

　　本书共分为六部分内容。第一章引言，主要围绕中国海外投资的历史演进、特点，以及海外投资法律保障的意义等方面作了全面的介绍及分析。第二章是有关中国海外投资法律风险及其防范的内容，分别选取了税法、劳工法、知识产权法、环境保护法等若干关键法律问题，为中国投资者防范海外投资风险提出了法律意见和建议。第三章探讨了中国海外投资法律保障机制中的双边投资条约，分析中国与海外投资国家双边协定缔结的必要性，进而评析目前双边协定缔结现状及不足，最后为构建同海外投资国家建立双边及多边投资协定网络提出若干建议。第四章和第五章是对海外投资争端的救济制度的研究。包括海外投资保险机制以及国际投资争端解决机制的研究。海外投资保险机制和投资争端解决机制是海外投资机制中不可或缺的两个方面，二者互为补充，共同构筑起对海外投资利益的根本保障。第六章考察了中国海外投资法律保障机制中的法治服务制度。分别从理念、规范以及路径三个方面对涉外律师法律服务提出了完善建议。由于本人时间和精力等有限，对于本书的撰写难免存在纰漏和不足之处，敬请各位专家学者和法律同人批评指正。

  值此书出版之际，特别感谢曾经在我的学习和工作中给予我无私关怀和悉心指导的各位师长，和给予我莫大支持和帮助的家人和朋友。最后由衷感谢中国社会科学出版社各位老师对本书出版的辛苦付出以及大力支持。

李曦光
2021.5.18